LOCUS

LOCUS

LOCUS

LOCUS

*Smile, please*

smile 79
**讓他把妳娶回家**
*Closing the Deal*

作者： Richard Kirshenbaum & Daniel Rosenberg
譯者： 陳正芬
責任編輯：楊郁慧
美術設計：楊雯卉
法律顧問：全理法律事務所董安丹律師
出版者：大塊文化出版股份有限公司
台北市 105 南京東路四段 25 號 11 樓
www.locuspublishing.com
讀者服務專線： 0800-006689
TEL ：(02)87123898 FAX ：（02）87123897
郵撥帳號： 18955675 戶名：大塊文化出版股份有限公司


總經銷：大和書報圖書股份有限公司 地址：新北市新莊區五工五路 2 號
TEL ：（02）89902588 FAX ：（02）22901658
初版一刷： 2007 年 7 月
初版二刷： 2015 年 8 月
定價：新台幣 260 元
Printed in Taiwan

# 讓他把妳娶回家

# Closing the Deal

*two married guys take you from single Miss to wedded bliss*

行銷達人 Richard Kirshenbaum
電影製片人 Daniel Rosenberg ◎著
陳正芬◎譯

給 Natasha 、 Talia 、 Georgia ，

以及往後所有成功搞定終身大事的女人。

也獻給所有夢想著披上白紗的女孩。

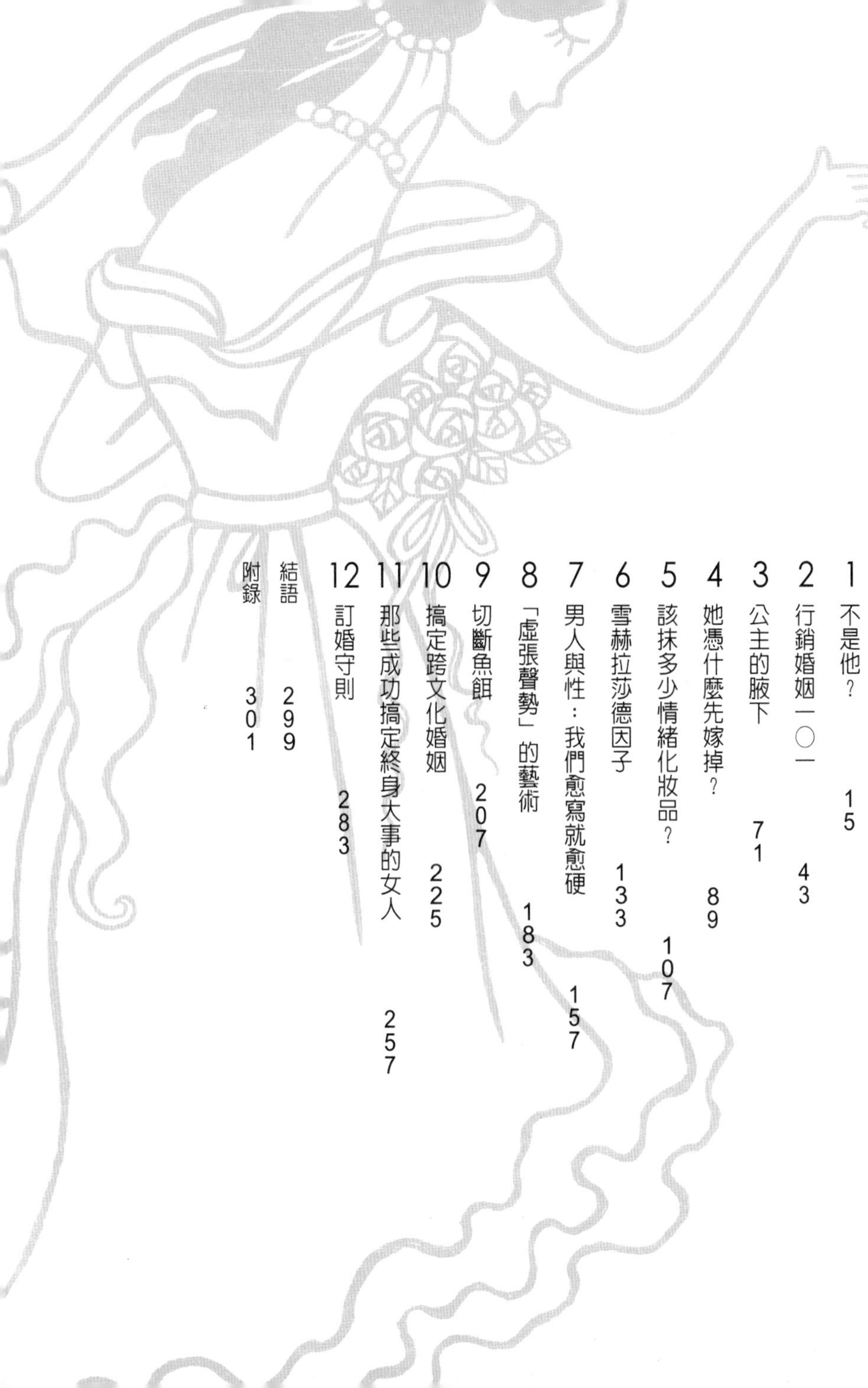

# 目錄

# 前言

這個女生，妳認識。

她聰明，動人，幽默感十足，並且有適合她氣質的鞋櫃。她是妳最好的朋友，是妳同事，甚至，就是妳本人。

倒不是男人對這種女生興趣缺缺；男人對她是有興趣的。事實上，一直以來是有一些男子感興趣的——但請聽好了，人數沒有超過兩位數。還有，她是個窈窕淑女，而且相當時髦。是啦，男人是習慣東聞聞西嗅嗅，不過，她——或者更該說是妳，爲什麼得不到人家最後那個關於永遠的承諾？爲什麼妳就是無法搞定終身大事？

很高興妳問了這問題。

妳所需要的是來自男人的意見；或者該說是兩個男人的意見——兩個原本單身、害怕被套牢，最後卻往婚姻裡跳的男人；這兩個男人，最後終於明白，婚姻不只是女人和同性戀者的專利。究竟是哪些因素，使我們改變了心意？在這本書裡我們會向妳說明；而和妳男友如果學會好好兒溝通的話，他也會和我們一樣。

我們這兩個腦袋清醒、婚姻幸福的男人（老婆大人要我們仿照習俗說三聲「呸呸呸」，以免遭到天譴），想寫一本書，給那些想要搞定終身大事卻不得要領的女人，或是那些想用更聰明的方式處理兩性關係的女人。我們認爲，如果能在各位——特別是那些想跟愛侶一同體驗孩子呱呱落地的女人——展開「約會」此一人生大業的初期，就把這方面的知識傳授給妳們，那麼我們就算功德圓滿了。而這對女性同胞及其交往的男性來說也是美事一樁。

可這下妳要問了，我們兩人何德何能，竟然能寫兩性關係的書，而且先是說些逆耳忠言（像是，事實和眞相），然後輕率地歸納出通則？

我們認爲，正因爲我們不是心理醫師，不是感情諮商大師，不是醫師也不是女性，所以使我們更有資格與妳分享這些重大心得。我們不知道有什麼冠冕堂皇的專業術語「經由科學證實」可以擄獲男人的心；我們只是兩個普通男人，了解其他普通男人的心事。我們覺得，當一個人打算學習跳傘，就該向跳過傘的傘兵請教，而不是去找研究跳傘的物理學家。

我們的身邊一直有媽媽、姊妹、阿姨姑姑等女性親友，所以我們有足夠能力給妳建議，如同我們在生活中會對身邊爲數不少的女性提供建議。不過，主要是那些聽從了我們建議的朋友和（某幾位）親戚，鼓勵我們把這些心得與其他女性同胞分享。事實上，就在我們寫這一段文字的前一個週末，作者之一經手時間最長的「專案計畫」之一的某位知名不具的女生，甫以老手之姿處理完她最近這段感情關係，把自己嫁掉了。

我們挺了解男人的，這不光因爲我們是男人，也因爲這是我們的工作。我們的工作生涯有大半時間是在對男性做行銷、製作電視廣告、爲男性（和女性）的市場開發製作各種電影或電視節目；我們加入行銷研究的「焦點團體」（focus group）、檢討研究結果、觀察趨勢。然而，我們並不打算說妳必須運用行銷技巧來把妳自己和妳想結婚的念頭推銷給妳的男人。我們打算說的是：行銷和男女交往這兩件事，存在著有趣的相似性。想一想吧：在約會交往階段，這事兒既是關於墜入愛河，也關於妳如何讓對方看見妳多麼美好、妳們兩人是多麼速配，而婚姻是多麼美妙的事物。

在撰寫本書的過程中，我們確實閱讀了多種研究報告，也和很多人討論，但是到頭來我們知道自己要寫的畢竟不是一本減肥書，所以無須向專業人士尋求驗證。我們想寫點實際的東西，而不是以風花雪月的方式從理論的觀點來提供建言。所以，妳在這本書裡會讀到我們這些年來身爲男性的心得，以及我們在男女相處上的經驗。

如果妳身邊有一個妳信得過的女性密友可以吐露心事，那麼妳很幸運；但這不表示這位友人會是幫助妳搞定終身大事的最佳盟友。每一天，多少個女性在對其他女性提出有關男人和婚姻的建議；因此，每一天就有多少對無辜男女的感情關係受到威脅。那些女性原本能在婚姻裡幸福美滿度日，卻被那些個簡直不了解男性的女人誤導，以致誤入歧途。我們數都數不清楚，聽過多少次單身女性對友人講出有關男人的糟糕建議；譬如建議友人及早結束一段感情，但時候分明未到；或者鼓勵友人對男人提出最後通牒。儘管這些女子出發點良善，但她們給出的建議偏偏就是錯誤的，那是因爲她們所知僅止於此；換言之，那是因爲她們不了解男人。女性由於誤解了男人在兩性關係獲得了哪些滿足，因而搞不定男人。所以啦，這時候就需要我們上場了。

行銷專業人士在推銷一項產品或觀念時，會使用一個關鍵技巧：了解他們的目標群眾是誰。由於妳是打算把結婚這個想法推銷給妳身邊那個男人，所以妳男友就成爲妳的主要目標；而理解他，就成爲妳能否搞定終身大事的關鍵。想做到這個，沒有誰比兩個了解到行銷和兩性課題之間連結的男人更有能力幫助妳。我們將會教妳觀察妳男友，以及妳們倆的感情現況，幫妳找到方法讓雙方快樂、讓他不但會開始思考結婚大事，最終也會開口向妳求婚。

妳當然已經懂得不少了。容許我們在此讚美妳：事實上，說到兩性關係，女性是比男性聰明的。不過我們要說，就算妳比男人更懂兩性關係，比男人更能處理感情，但重點是在妳願不願意用心了解男人如何看待感情關係，以及他們對於婚姻和承諾有什麼看法。這不是爾虞我詐的遊戲，也不能照章行事；不是以智取勝終而步入禮堂。這是爲了了解妳想與之共度餘生的異性！學著理解他，不僅有助於妳搞定終身大事，而且能讓妳們白頭偕老。

我們最常被問到的問題是：「要等多久他才會向我求婚？」這問題多年來糾纏著無數女性。然而男生很少思考這問題。在交往階段，我們男人最大的疑問是：「到底要我等多久，才跟我上床辦事？」（好啦我們知道啦：這並不公平。）何時留下何時離開，本書將會討論這些複雜的課題。但如果妳已經在問這個問題，這就是好事，表示妳至少具備了搞定終身大事所需要的一項重要技巧。

我們要妳提出棘手的問題，就像男人會問自己的那些棘手問題。我們在撰寫本書過程中發現，說到了進入婚姻這檔子事，男人通常比女人步步爲營。一般說來，女人在結婚這件事上看到的往往是它在短期內帶來的好處，例如浪漫的訂婚儀式、永生難忘的婚禮，以及日後回味無窮的蜜月旅行。但男人通常把焦點放在結婚的嚴肅長期面向，譬如一夫一妻制、經濟負擔、離婚的可能性，以及——容我們再說一遍——一夫一妻制。能否搞定終身大事，首先要花點工夫平息妳男友的恐懼，讓他看到結婚的好處。我們有位已婚的朋友觀察她相當廣泛的社交圈裡的已婚人士，提出一個有趣說法：凡是正在打算離婚或者正在辦理離婚程序的夫妻，幾乎都是由女方提出離婚要求，理由不一而足。造成這種情形的原因很多，但我們懷疑這是因爲男人在願意開口求婚之前，已經花很多時間左思右想，然後接受了「婚姻要維持一輩子」這件事；而女生則把焦點放在較短期的枝微末節上。我們認爲，這個見解洞燭眞相，也是妳在搞定搞定終身大事時應該好好兒思考的東西之一。

不會只有男人在衡量婚姻這回事的諸般課題。妳也會想了解他這個人，想認清楚妳們的關係怎麼回事，好讓妳的婚姻大事一經底定就不會生變，而這才是本書所謂「搞定」的眞意。妳的目標不應該只是戒指上那顆鑽石，而要把目標放在：妳身邊這個男人能不能長久讓妳滿意。

爲了擴大論點（這是爲讀者著想，也爲我們自己好），我們決定分別採訪婚姻美滿和不美滿的女性。我們希望能讓大家看到什麼才是正軌，並且避免落入陷阱。這些女性的處境或許不完全吻合妳的情境，但妳會在她們身上看到一些深具啓發意義的相似之處。無論如何，我們敢說，妳會獲得一些讓妳眼睛發亮的觀念；我們也保證本書所涵蓋的女性範例具有多樣性，從心理醫師乃至前美國小姐，而且她們都搞定了自己的終身大事。讀者將會聽她們自己說出她們是如何辦到的。

另一方面，這些年來我們目睹了幾對愛侶是從「一見鍾情」開始的。這些人是我們的知交友人，我們了解他們爲人，能爲他們的感情關係作證，因此我們能夠衷心地說他們是天作之合。他們之間沒有重大問題，沒有爭議，他們就是知道如何互相對待——他們不需要讀這本書。本書不是爲緣定三生的人所寫，因此，寫了以上幾句之後，我們不會再提到他們。眞是好運哪，他們自己明白、我們也明白。可惡。

我們希望指引妳，支持妳，幫助妳趨吉避凶。有幾章可能會惹火妳，有一些內容會讓妳重新評估自己或妳們的關係。妳讀著這本書，有些時候會覺得它不正經；有時候會覺得它很聰明（對此我們頗爲樂觀），但經驗告訴我們，用打妳一拳的方式讓妳知道眞相，妳會比較聽得懂。所以，如果現在的妳沒有一絲一毫的幽默感，那麼妳正是在最適當的時機讀到了這本書。

本書會引領妳走上成功搞定終身大事的那條路。妳會了解到，能否搞定終身大事，跟妳是不是最漂亮、最纖瘦、最時髦或最有錢的女人沒有關係。搞定終身大事是一門藝術。

假如妳願意花錢買這本書，以此換得一個得到永恆幸福的機會，願意跟著兩個素不認識的男人做出一百八十度的轉變，或者願意承認妳對於男人實在是有那麼一點弄不懂……如果是這樣，請妳往下讀，因爲這樣的妳就已經不像妳自認的那樣沒有能力搞定終身大事。

# 1 不是他？

評估某人為何不適合妳的最簡單、最合乎常情的方法，就是先想想「妳」是否根本就不適合這個人。

時間要花在有未來、有承諾的關係上。離開沒搞頭的感情吧。

**就是他嗎**？就是這個像種子一樣不斷萌發滋長的問題，讓約會變得讓人既期待、又怕受傷害。雖然這個猜謎遊戲，總是讓整件事情變得有趣又神祕，但是先處理另一個容易很多的問題，或許會比較合理：「**不是他嗎**？」雖然妳們之中有些人會辯稱，如果對方不是眞命天子「當場就知道」，但情況有時並不那麼明朗。

想結婚的人聽好啦。確實有比單身更糟的事，就是跟一個無法使妳幸福的人耗一輩子。在我們帶著妳展開自我探索的歷程以前，我們要強調婚姻並不是圈套；婚姻是拿到一樣很棒的東西，然後把它變得更好。一如童話故事所說的，尋找「對」的王子，和從此過著幸福快樂的日子一樣重要。現在妳以爲找到了王子，不表示「他」就是白馬王子。

我們要讓妳知道，妳跟他的感情現況究竟如何。給妳幾樣工具，幫妳正確分析妳那口子的**層次**，藉以做出有憑有據的決定。**層次**指的不是社會地位，也不是自我價值，而是你們在一起的相容性，以及他對承諾的意願。除了相容的問題外，我們也探討和眞實情況有關的問題。一段關係的眞實情況，有時像霧裡看花（尤其當妳不想面對的時候），所以我們要花點時間，弄清楚妳有沒有誠實面對你們的關係。

老實承認吧，在妳漫步走向紅毯彼端之前，有太多理由可能會使你們倆的關係搖搖欲墜。先說清楚：無論本書的建議多管用，無論妳如何奉爲金科玉律，就是會碰到幾個寧死不願就範的男人，他們罹患了**承諾無力症**，拒絕許下諾言。這種男人即使本來辯才無礙，一提到「結」字卻變得語無倫次。這些男人是終年光棍、連續約會犯和承諾恐懼症患者；他們存在於各個社經團體，而且操作手法相當一致。他們當然永遠當不了「眞命天子」。一旦不幸遇上這些人，得快刀斬亂痲，最好是在展開關係前結束一切，否則只是浪費時間。

讓我們看看，妳男人究竟是不是那種會結婚的類型——妳打從一開始就必須把這件事搞清楚。「搞定終身大事」並不是爲結婚而結婚，而是幫助妳跟妳的靈魂伴侶跨出那一步，因此，如果我們對於妳的感情現況是否在自欺欺人這種棘手的問題絕口不提，那我們就太失職了。老大哥的建議就在這裡派上用場，而且不是鬧著玩的。雖然我們保證儘可能婉轉，但醜話說在前頭：接下來的幾頁，妳可能會發現幾個好消息，跟幾個不太妙的消息。

妳男友符合「好像、大概吧」的類型嗎？他是否缺乏爲人夫必備的基本特質？趕快來做這份「他是哪款男人？」的重要測試，以免發現眞相時已經太遲。

Quiz

## 六月新娘還是六月心涼？

**1.他對「婚姻」制度的看法？**

a. 他把婚姻和坐牢相提並論，認為自己遲早都會和父母一樣離婚收場。

b. 他認為，耳根子軟的人才會選擇婚姻之路。

c. 當他談到婚姻的好處時，只提到「節稅」和「淨值合併」之類的字眼。

d. 他邀妳參加他祖父母的結婚五十週年紀念，並且告訴妳，他多欣賞他們對彼此的摯愛。

**2.他的情緒成熟度，整體水準如何？**

a. 事情出錯，就怪到妳頭上。

b. 當妳不用孩子的方式對待他，就跟妳發脾氣耍賴。

c. 他拿襪子做成的小人偶來討論問題。

d. 出問題時，他泰然自若地接招。

**3.你們怎麼吵架？**

a. 他一定會先戳我，然後來一記很遜的上鉤拳。

b. 他在背後放冷箭。

c. 他媽媽跟他的律師負責處理他的事務。

d. 場面是有點緊張啦，但勉強保持君子風度。

**4. 妳生病時，他的表現如何？**

a. 他要妳睡沙發，以免被妳傳染。

b. 他從脫衣舞俱樂部的自助餐廳，外帶一些食物給妳。

c. 他叫妳別停止工作，因為他需要妳扶養他。

d. 他坐在妳床邊，餵妳喝雞湯。

**5. 他如何對待餐廳服務生？**

a. 他對六十五歲的服務生大吼：「喂，來杯咖啡。」

b. 我怎知？他從不帶我去餐廳。

c. 他點的每一道餐點都有特別要求，包括他要喝的水。

d. 他小費給得大方，而且會說「請」和「謝謝」。

如果以上的答案不全是d，那妳得認真考慮把這條魚放回池裡，直到牠成熟到可以食用。

如果他連基本條件都不具備，或許根本不值得妳花一絲絲力氣。

做完簡單的測驗，現在來評估跟妳在一起的，究竟是怎樣的男人。以下要深入一點，看看你們倆的相容性。

## 我們就像火腿和蛋一樣分不開

或許妳很懂穿什麼鞋該配什麼包；或許妳是姊妹淘中，最受歡迎的那位；或許妳很會替別人作媒。但是，爲什麼講到妳跟未來老公到底速不速配，妳所有符合理智的直覺，都不見了呢？理由可能百百種。評估某人爲何不適合妳的最簡單、最合乎常情的方法，就是先想想「妳」是否根本就不適合這個人。用血拼的行話，就是花點時間照照鏡子。來談談妳自己吧。

妳跟男人的交往經驗如何？妳每次都謹守「一對一」，還是常常搞劈腿？換句話說，妳是否有過愛情長跑的經驗，還是從青春期開始，就一而再、再而三地遇人不淑？至少有過一段長期感情是好現象，表示妳有蠻不錯的基礎，並且了解建立一段成功的男女關係需要的是什麼。這些經驗或許讓妳很清楚信賴、誠實、忠誠，以及兩性關係所有重要元素的價值。但是，如果妳從沒有過成功的長期感情，問題出在哪裡呢？妳恐怕忽略了「相容性」的問題。

妳為何無法擁有成功的感情關係，有一百萬個理由。而這其中有許多非妳所能掌控。也許妳在男女關係上運氣超背；也許妳住在鄉下，離最近的小鎮也有數百公里，沒有電話、無法上網，整天只能跟馬廄裡的馬廝混。或者，妳老是做出糟糕的選擇。常見的情況是……

## 高攀（overdating）和低就（underdating）

如果妳留意到，過往失敗的感情紀錄存在著某種模式，表示可能發生了更複雜的事，而不光是一連串的壞運氣。可能是妳低就，換言之，跟一個無法和妳較量的人交往；例如他比妳笨（他雖然長得帥，但跟他聊天會讓妳呵欠連連），或者更糟的是高攀，把眼光放太高，對方一輩子都不可能承諾（妳跪在白宮的橢圓型辦公室，而他已婚）。妳高攀或低就，不表示就不能訂下他，只是可能性不大；而就算妳訂了，搞不好妳過一陣子又反悔。

## 高攀：不切實際的目標

高攀可說是男女關係的哈哈鏡，因爲這種感情多少有些扭曲。也許是媒體或文化環境的影響吧，有很多女生曾經對我們說：「難道你們就不能幫我找個長的像金城武，或者跟郭董一樣有錢的人嗎？」當然沒問題，假如妳是林志玲的話。

要誠實。妳對目前男友的期望，是否切合實際？我們的意思不是說，當別人說妳高攀對方，表示妳就釣不到這傢伙。我們要說的是，不切實際的期望，或者即使種種跡象顯示，對方不會跟妳結婚，妳卻深陷其中，對妳的自我或心智健康相當不利。當對方不想跟妳走下去，表示妳在高攀對方；換言之，你們不太可能成爲一對。

高攀不盡然是妳的問題，跟他也有關係。如果對方不久前才有過打野食的紀錄，或者他的生活方式，有單身漢喜好的所有狂放不羈的習性，那妳就是在高攀。如果他那種逃避一切的想法，也包括逃避「妳」在內，那妳就是在高攀。聽聽男人怎麼說，因爲多數男人一開始就會把話說在前頭。如果對方說：「多年來，女人一直試圖馴服我，卻都無功而返。不過，歡迎妳盡最大努力。」這時，妳就得考慮到，往後有場硬仗要打。

很多女人很會替別人的感情打分數，自己卻很少往裡面看。她們是最糟的高攀累犯，因爲她們忽略事實。艾瑞卡就是好例子。

## 艾瑞卡

（本書中所有案例都採用化名，主要是因爲，她們的律師比我們的律師還要厲害！）艾瑞卡姿色中上，懂得享受生活，有一部分是因爲她有個富老爸，舉凡用錢買得到的一定給她，包括幾次整型小手術在內。不用說也知道，加勒比海的房子，瑪莎葡萄園的面海毫宅和遊艇，使艾瑞卡在不少男性眼中，是個相當「可人」的女子。

艾瑞卡也以慷慨和機智出名。她的朋友很多，但說到交男友，艾瑞卡老是高攀對方。艾瑞卡有戀父情結。艾瑞卡跟老爸都沒發現，她被訓練成「無法接受」平凡好男人。她始終不斷被告知，只有最好的才配得上她，包括交往對象的社會地位在內，於是造成以下兩種狀況：艾瑞卡要嘛就獨守空閨，因爲她找不到一個値得交往的對象。如果她眞的與人交往，卻又不願意定下來；除非對方具備所有條件，還要爹地同意才行。

儘管德魯不是超有錢，但艾瑞卡寧可跟他交往，也不願意跟比較適合她的人出去。德魯的爸爸是知名藝術家，所以德魯從小就和一群見多識廣的人來往。他習慣女人自己送上門，有人就說過：「德魯就像詹姆斯・龐德，而且更酷、更辣。」（有誰能又酷又辣的？）他一直都和有錢人爲伍，對那些誇示權勢的東西習以爲常。如果他沒待在老爸朋友的避暑別墅，也沒有跟他們的女兒混在一塊的話，一定是有人請他去參加晚宴，因爲他是少數兼具外表和魅力的人。

德魯和艾瑞卡交往約一年，兩人只要有空就膩在一起。他們倆友誼深厚，至於爹地欣賞的則是德魯的出身，還有他那炙手可熱的名聲。爹地經常誇艾瑞卡「釣到大魚」。爹地的認可讓艾瑞卡好開心，當然，這更是助長艾瑞卡的高攀之舉。

雖然德魯喜歡跟艾瑞卡混，但旁觀者清，德魯看上的是艾瑞卡帶來的好處，並不是她的人；只要艾瑞卡想跟德魯獨處，他就「縮回去」。他熱愛美食，也喜歡到她家的滑雪屋，享用種種嬌寵的玩意，但說到在日落的海灘漫步呢？省省吧！

艾瑞卡很想跟德魯更進一步，共商兩人的未來，但這種談話跟德魯的心情相差十萬八千里，以致剛開始的時候，他不懂她究竟想幹嘛。德魯的爸爸到五十一歲才結婚，德魯也打算至少等到四十八、九歲。因此只要艾瑞卡一提到婚事，德魯就跟她談自己的現況，對話就這樣不了了之。德魯跟艾瑞卡在一起夠久，足以創造一些美好回憶了，但是當他聽見艾瑞卡要的是婚戒，便趕緊落跑。

儘管艾瑞卡的生活方式，很難讓人同情她，但她在尋找另一半的過程中的確被誤導。艾瑞卡已經習慣別人對她有求必應，以爲德魯一定會爲她的「人」和「財」回心轉意。但是，她一方面跟一個想參加「花花公子豪宅派對」的男人約會，卻又夢想替未來的孩子買遊戲圍欄。雖然如此，不用太絕望，艾瑞卡不算人財兩失。

只要誠實評估一段感情關係的長期相容性，高攀仍然有救。當妳察覺自己不切實際，請轉身離開。艾瑞卡跟德魯有過美好的日子，爲此她無怨無悔，但是過了一年，她發現跟德魯做普通朋友比較好。現在，每當德魯不在朋友的加勒比海別墅殺時間，也沒待在新女友父母在瑞士阿爾卑斯山的度假小屋時，他偶而會和艾瑞卡出遊。

高攀往往使一段感情無法達成平衡。認定妳遇到的人都配不上自己沒什麼不可以，只要事實確實如此。但是，爲了「自我感覺良好」而跟人交往，對妳沒有任何好處。這種情況有個說法，叫做……

## 低就

低就也許跟自尊大有關係。低就者的交往對象只有一個功用，就是隨時爲女人打一記強心針。有些女性和男人維持關係，只爲了向全世界（也向自己）證明，她有本事釣到帥哥、肌肉男，或是富商名流。如果對方不具備她們渴望的某項特質（例如：外貌），低就者通常連考慮都不考慮。

還不確定自己是不是低就者？問自己幾個問題：他是否能激發妳、使妳變得更好？他是否老愛講高中運動比賽冠軍的經過，讓妳呵欠連連？要妳說出他的最大優點，就是他……充滿活力，還是「小弟弟」很行？如果妳的交往對象，未能替這段感情帶來一些精采的東西，那妳就是個低就者。

很多女性落入這陷阱。茱莉安就是其中之一。

## 茱莉安

茱莉安三十六歲，還在看青少年的八卦雜誌。雖說圖像設計家的身份使她生活寬裕，但這位美國中西部土生土長的女孩，卻不那麼看重金錢，包括她自己跟男友的。不過，茱莉安倒很看重外表；年紀不小的她，還是會拜倒在俊俏男演員和球星的腳下，也會擠到演唱會後台。茱莉安的生命中不乏男人，但她總是喜新厭舊，使她相當灰心，因爲「婚姻」才是她眞正想要的（至少她是這麼說的）。

布萊德是她近期的新寵；他是個失業演員，照茱莉安的講法是「美型男」。茱莉安最愛的，是跟布萊德走進某個場子，然後在場所有人都看過來；而最令她開心的，是聽到其他女生向她讚美布萊德的外貌。但茱莉安有自己的工作，每到週末，除非有機會帶布萊德出去炫耀，否則她往往寧可不見他。

茱莉安的女性朋友大多不是結了婚就是訂了婚，使得她對於找不到人定下來格外感到挫敗。布萊德不適合自己，這點茱莉安心知肚明。當然，他體格壯碩，兩人出去也挺開心的，但是相似點也僅止於此。我們碰巧知道茱莉安之所以願意低就的來龍去脈；原來前男友爲了年輕辣妹離開她，四年感情就此畫下悲慘句點，於是，茱莉安開始專挑那些能使她受矚目的男人，絕不碰那些會挑戰她的人。她知道就算被最近的約會對象給甩了，她總是能告訴自己，雖然對方是帥哥，但一開始就不適合她，以這種理由來開脫。

最後，茱莉安終於明白，她身陷由「不相容男友」和「不健全關係」構成的惡性循環中；她知道自己這樣的心態，只是讓結婚更加遙不可及。目前她依舊單身，但是正在跟某個工作上認識的男人交往，彼此間有許多共同點。

**請注意，只要妳不期待對方承諾，不論是高攀或低就都不成問題，這樣的男女關**

係可能是有趣、香豔、刺激的，但是請小心別掉進同一個模式裡。電視影集〈慾望城市〉（Sex and the City）的莎曼姍，當然也是低就的連續犯，但她很清楚自己要的就是「性」。觀賞她的性愛歷險記是很有意思啦，但對一般女性而言，這種行爲可能讓自己的名譽和身體都付出代價。也許莎曼姍到最後終於得償所願，但是女孩們哪，假如妳總是從電視得到有關男女交往的建議，和一些不切實際的期望，請每天對自己重複這句咒語：「電視演的，不代表會發生在我身上。」如果在妳內心深處，知道他只是暫時的尋歡對象，應該將他拋得遠遠的，儘早做個了斷。

## 我討厭他……

妳聽得到自己在說這句話嗎？如果他願意——改變他的調調、別再這麼賤、多花點時間陪我、洗碗、把電視關小聲一點、增進閨房情趣、出去認識新朋友，別再看整人節目（他四十了）、在辦公室裡不要畏畏縮縮，聽聽我的專業建議……

妳是不是不假思索就能脫口說出「我討厭他……」的句子？爆發多少強烈反應？妳的腦袋馬上塞進多少抱怨？如果妳已經氣到花，就該領悟到他並不是妳的眞命天子。我們不會因爲你們倆搞不定電視該看哪一台，或者他喜歡的車內溫度比妳要的低十度，就建議你們分手。但是如果你們的關係，已經使妳很難跟男友共處一段時間而不想把對方的頭髮扯下，那妳應該開始重新思考某些事情。

假如，妳正在質疑兩人的關係是否健全，或許他便不是妳的眞命天子。不過，如果妳是那種不常問自己困難問題的人，那我們就要來解救妳了。現在來做個小測驗，看看你們的關係就長遠來說，有沒有達到最低要求。

Quiz

## 他是真命天子嗎？

**1. 做愛的時候，男友盯著什麼看？**

（如果你們沒有發生性關係，跳到第二個問題。放輕鬆一點）

a. 妳的眼睛
b. 妳的乳房或屁股
c. 妳最喜歡的A片
d. 他的黑莓機

**2. 計畫度假時，你們達成共識的是**

a. 地點
b. 雙人床
c. 住隔壁房
d. 回來後還要碰面

**3. 你們最喜歡一起做的事是？**

a. 窩在床上親親抱抱
b. 看書

c. 幫他擠背上的痘痘

d. 打到死傷慘重

**4. 如果他因為內線交易被關十年，妳會——**

a. 聲明他是無辜的，並表達妳至死不渝的忠誠，不會做對不起他的事

b. 每個月寫一封信給他

c. 在假釋委員會的聽證會上幫他加油打氣——如果沒妨礙到妳上健身房的話

d. 鼓勵他的獄友布巴，「喜歡就儘管上吧」

**5. 當妳問他：「這件洋裝會不會讓我的屁股看起來很大？」他說：**

a. 「不會。」

b. 「才不咧。」

c. 「還好。」

d. 「不會啦，妳的屁股本來就很大嘛。」

**6. 妳等不及到週六晚上，因為**

a. 跟男友約會的時候到了

b. 可以跟朋友來個兩對約會

c. 可以跟最要好的姊妹淘，一起參加女孩之夜

d. 交換男友之夜

**7. 妳對他的什麼行為不爽？**

a. 打電話給妳，確認妳平安到家

b. 不放下馬桶坐墊

c. 在妳面前偷看別的女人

d. 太靠近妳

**8. 當男友在下班回家的路上打電話給妳，妳會計算……**

a. 妳家電鈴還有幾秒會響

b. 你們分開幾小時了

c. 你們交往幾年了

d. 他去上班後，妳跟幾個男人上過床

**9. 他做什麼事，會令妳很糗？**

a. 在朋友面前向妳示愛

b. 穿西裝配帆船鞋

c. 向妳的前男友挑釁

d. 威脅要殺掉他擄獲的人質之一

**10. 當有人問妳最喜歡男友哪一點，妳的回答會是：**

a. 全都喜歡

b. 他的髮線

c. 他的小弟弟

d. 他忍受我的一切胡言亂語

計分方式：答「a」得3分；答「b」得2分；答「c」得1分；答「d」得0分

24—30分：該籌備婚禮了。打電話給婚紗公司。

18—23分：結婚有望。開始為婚禮減肥吧。

12—17分：開始作治療，你們兩個還有救。

0—11分：至少妳爽到了。

如果妳拿到滿分30分，恭喜妳，但請妳繼續讀下去。

## 或許，他恐怕不是「那位」

我們知道這很難接受，但就是有某些男人，死也不想被套牢。他們頗能自得其樂，有什麼不對？如果妳的**非眞命天子**男友坦言沒有任何結婚計畫，而且不論妳說什麼、做什麼，都無法改變他的決定，那妳該爲自己感到慶幸才對。女士們，如果妳聽到對方這麼說，千萬別憑妳的第一直覺（你知道，極力說服他），甚至別想跟他吵。就算妳可望有五成的機率說服對方，到頭來，妳極有可能把很多時間浪費在一個老實說：「早跟妳說過了啊。」的男人身上。

也有些男人到最後確實有點想婚。多數男人都屬於這類，所以我們假設跟妳在一起的這位，就是其中之一。妳怎麼知道妳男人站在什麼立場？妳怎麼知道，他最後會不會改變心意？

他是眞的完全不肯討論結婚的事嗎？如果他是這種人，這個信號意味著妳還有一大段路要走。如果，當妳努力跟他認眞交往，他卻支吾地說，交往時間的長短對他來說一點也不重要，這就是妳無法忽略的警訊。

他的言語，無論含蓄與否，必定多少反映他的想法。當他看著比小套房大的公寓房子時，他會把其他臥房叫做視聽室、書房和辦公室嗎？他是否說那些訂了婚的哥兒們是「他娘的變節叛徒」？嗯。當妳提到你們的未來時，他是否開始興奮地扯到銀河之旅？

此外，觀察他的生活方式，別光聽一面之詞。他是不是常常自個兒獨力完成很多事？如果他一直過王老五的生活，幾乎不曾爲另一個人妥協（例如，他大部分時間都花在工作或朋友身上，很少陪妳或妳的家人），情況就不妙囉。

## 「一個好藉口」法則

男人有權花很多時間，來決定妳是不是他的眞命天女。也許他含糊其詞說還沒準備好，或者你們倆那「或許有點想結婚」的類型，讓他對於爲何目前不打算結婚，有好幾個複雜的藉口。但是，他的藉口愈多，就愈可能不是眞心的。我們稱爲「一個好藉口」法則，因爲眞正的藉口通常不是成雙成對。如果原因出在他父母對妳不滿意，他擔心造成家人失和而失去財產繼承權，沒關係（那也是一個藉口，但還算合理）。如果藉口是經濟基礎還不穩固，而且他跟祖父母保證過只娶波蘭籍芭蕾舞女伶；在她站不穩突然倒下的時候，他就會求婚……那妳一定要重新思考，他是否會對妳做出承諾。

有時候，和對方談論兩人的關係，不是那麼容易啓齒。有時候，眞正的難題是找出眞相。我們認爲，明白事情的眞相是很重要的，否則可能會發生你不願見到的後果。問史黛西就知道。

## 史黛西與雅樂

史黛西是流行歌曲創作人，她外型亮麗又健美，而且人緣超好。事實上，很多人都說，想不喜歡史黛西很難。她是個很棒的女主人，不斷爲自己關心的人付出。

雅樂是成功的房地產業者，出生於亞美尼亞，三歲時全家移民美國。他力爭上游，逢人便說，他的故事是典型的美國夢。表面上，雅樂跟所有土生土長的人一樣美國化，但他的父母來自歷史悠久的國度，他們早就挑明了告訴雅樂，如果不娶個亞美尼亞姑娘，他們會承受不了這樣的打擊。對某些人來說，父母的祝福並不那麼重要，但對雅樂來說，父母的祝福幾乎等於一切。雖然他喜歡當美國人，但是維繫亞美尼亞的文化傳統於不墜，對雅樂和他的家人來說都很重要。

史黛西跟雅樂交往四年。打從一開始，雅樂就經常告訴史黛西，只要再做成幾個大案子，他的經濟基礎就會更穩，他可以想見兩人共度未來。經過兩年交往，

「亞美尼亞問題」似乎不怎麼嚴重。那時他們都才二十五歲左右，剛開始衝刺事業；雖然曾談及婚嫁，但兩人都不是頂認眞。史黛西回茱莉亞音樂學院，雅樂則是每週工作九十小時，忙著經產房地產生意。他們都想把心放在事業上，也都不打算認眞承諾。

兩人交往三年後，史黛西仍然沒想過雅樂父母的立場會導致兩人分手。事實上，當史黛西問雅樂幹嘛不訂婚，雅樂最在意的還是經濟狀況。史黛西相信，愛能克服一切。

雅樂碰巧是個十八般武藝樣樣精通的好男人。他慷慨大方、聰敏機智、學富五車，錯不憚改，所以當他要史黛西包容他的時候，她眞的以爲情況會有所轉變。雅樂三番兩次對史黛西說，等到他收入穩定，就會請父母坐下來共商大事；他確定只要爸媽了解史黛西，一定會改變心意的。

不過，史黛西的朋友看不下去，嚴厲責備她對這件事所採取的消極態度。他們認爲她替自己設了失敗的陷阱。於是她開始防衛，因爲她當眞覺得雅樂會娶她。雅樂的工作表現眞的很不錯，而且他一定會告訴父母說，無論他們認可與否，他都要跟史黛西一起走人生的路。當然，史黛西所說的那些，永遠不會發生。

雖然雅樂不能否認自己的工作相當穩定，但他告訴史黛西，他找不到適當方式和父母攤牌。史黛西感到灰心又氣惱，因爲雅樂未能勇敢面對父母，說出自己的想法。

經濟上的安全感和延續傳統的考量都是好藉口，但在這幾年的交往中，史黛西錯過哪些徵兆呢？她對整體情勢，怎會沒有切合實際的認知？實情是，雅樂的收入高過史黛西的多數已婚朋友，即使他聲稱經濟基礎還不足以支持一整家子。此外，雅樂花很多時間陪他的家人，他其實有很多機會說服父母接受史黛西，只是他從不開口。史黛西總算明白了眞相——雅樂有兩大藉口，但搞不清楚他自己到底要什麼——或者，他並沒有誠實面對自己。

和雅樂交往四年，史黛西終於認清現實面，於是決定喊停。一開始，她完全找不到理由，說服自己跟這個最要好的朋友、也是最摯愛的人分手，但後來她領悟到，離開這段忠誠且穩固的關係，最好的理由就是希望趁年輕時成家。當兩人終於分手，史黛西不禁爲自己花了這麼多青春在這段感情上而神傷，畢竟當初並不是毫無跡象。

我們認爲，史黛西應該對自己和雅樂生氣才對。雅樂是典型的承諾無力症案例；他不曾想過，自己就這麼從一個幾乎無意娶進門的女子身上侵占了寶貴光陰。

倒不是雅樂故意讓史黛西陷入這種境地，而是當他一想到會失去史黛西時，他只想到自己（包括家人和財產繼承權），而不是對方的最大利益。像雅樂這種男子，哪怕多讓人愛，在與人交往時不見得是沒有私心的。雅樂確實愛史黛西，也想設法解決家人的問題，但他拖得太久；他向她保證會有進展，就這麼用承諾綁著史黛西，使她成爲自己的禁臠。

史黛西眞心想結婚成家。跟雅樂交往這些年，她訂下三十歲前懷孕的目標。史黛西該不該早點離開雅樂？我們希望有個簡單的答案。最佳忠告是，誠實面對妳自己以及妳內心的感受，當妳對繼續停留在一段關係感到怨恨、痛苦，並且因爲歹戲拖棚的感情關係所出現的所有負面情緒，因而開始質疑自己的時候，就不應該置之不理。史黛西就是個例子，到頭來，愛並不能征服太多東西。

## 走出下一步以前，先弄清自己的位置

本章的重點是，試著弄清楚，妳男人，究竟是不是妳的眞命天子。如果他確實不是，現在妳總算弄明白了。

我們都看過幾對看似不搭嘎的愛侶，例如波西米亞女孩配上生意人，或來自康乃迪克州、生性龜毛的安格魯薩克遜白人後來嫁給大學時代的情人——這傢伙來自喀拉哈里沙漠的布希曼族。相容性不光是美感，或者別人對你倆結合的看法。

幸好，現在妳對自己的位置有比較清晰的概念了。別忽視妳的發現。無論妳是高攀、低就，或者不確定對方是不是眞命天子，交往不該只是尋歡作樂，也該爲兩人相容與否的幾個嚴肅問題找答案。而且要快。時間要花在有未來、有承諾的關係上。離開沒搞頭的感情吧。浪費別人的時間實在說不過去，更何況是，妳的時間。

# 2

# 行銷婚姻一〇一

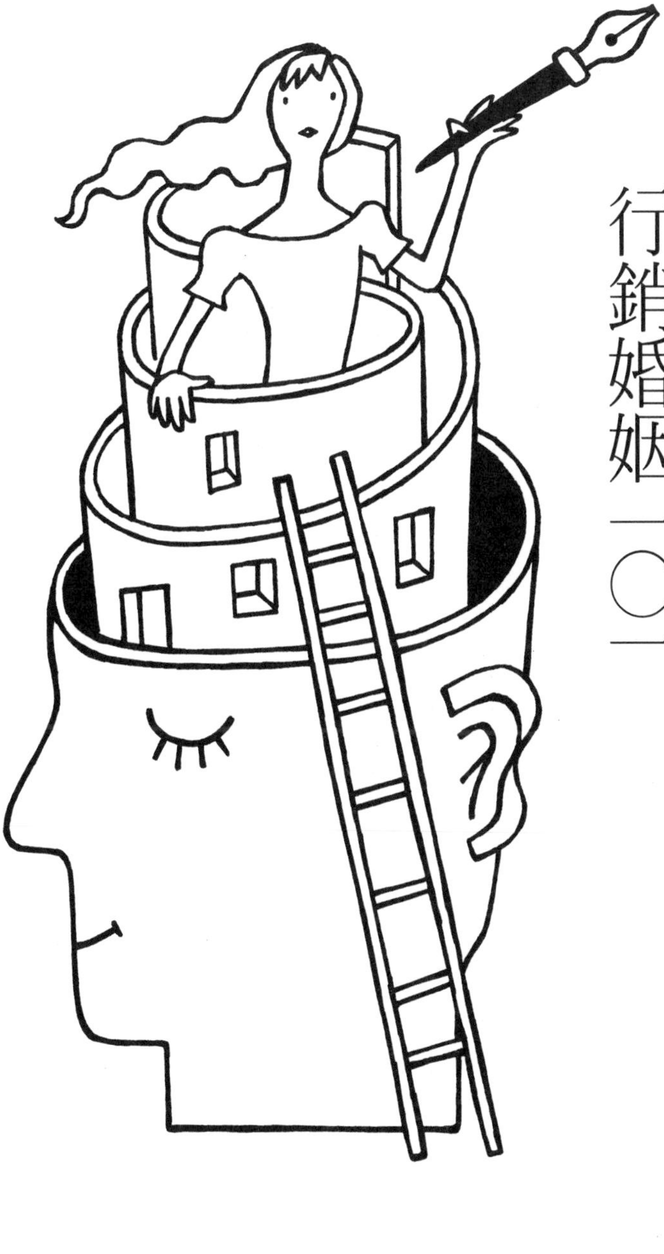

許多已婚的男性朋友提到，他們一開始原本沒打算結婚的，但是本章提到的某一項或多項結婚動力，將他們推向禮堂。

## 進入他腦袋，妳就結得了婚

妳和妳的眞命天子的結婚之路，是用心靈的力量鋪設而成；換言之，妳必須了解男人在任何時刻，到底在想些什麼。所以，我們要帶妳進入妳男人的腦袋。當然，好好發揮妳的「吹喇叭」絕活也有可能提高結婚機率，但會讓妳把每天的二十三小時五十分鐘，都花在處理你們之間的其他問題上。

如同建築師有藍圖、作家有寫作大綱，妳也可以創造自己專屬的結婚行銷計畫。在這一章，我們從第一步（也是最重要的）「了解妳的目標群眾」（也就是妳男人）開始，掌握基本的**結婚動力**，爲妳的頭號消費者（妳男人）製造**結婚動能**。我們將揭露婚姻策略的微妙之處，磨練妳的**婚姻行銷技巧**。雖然這些術語聽來怪怪的，請包涵，妳很快就會明白它們的意義。

## 行銷如作戰

許多女人就像過度自信的行銷人，以爲只要自己比目標群眾聰明，就不必下功夫去了解他們。我們認爲，這是女性所犯的最大錯誤之一。《孫子兵法》有云：「知己知彼，百戰百勝。」雖說男友不盡然是敵人，而且他們很可能是妳最好的朋友，但在一連串的妥協和交涉過程中，他和妳隔桌而坐。面對事實吧：在搞定終身大事以前，他身上可能有妳必須克服的問題，也因此使他成爲「反方」。沒錯，跟妳上床的這男人——妳希望他當孩子的爸——在談到終身大事時，就是「對手」。摸透他的心思，有助於妳把他從「反方」變「正方」。

## 妳唯一的目標群眾

無論是行銷新產品，或是推銷新的強打片，首先都要對目標群眾進行了解。用傳統行銷用語來說：爲了了解產品的「獨門優點」，所以就要用獨特的方式，持續了解什麼能討好「核心群眾」，因而促成「買賣成交或承諾購買」（現在，想必妳寧願看兩位作者提供的親切友善的術語）。

無論用什麼行話，廣告和行銷業每年花數百萬美元在焦點團體身上，爲的就是進入消費者的腦袋，了解他們的消費動機，進而預知他們想要什麼、會有什麼反應。我們希望妳最好已經知道，是什麼樣的信念和感受，使妳的「目標群眾」有如此表現。而以下練習將有助妳進入妳男人的心，讓妳正式開始整個過程。

想像自己是個男人。更進一步，妳不只是隨便一個男人，妳是個人見人愛、聰明機智，基本上是多才多藝的好好男人。過去兩年來，妳跟一位美妙無比的女子交往。妳墜入情網，愛她的一切，包括她的親切、她的一顰一笑、她的聰慧，還有她在床上的敏捷純熟。只不過，現在妳是男人，妳有不同的優先順位跟興趣；其中並不包括以每小時爲單位，剖析你倆的關係。事實上，因爲妳是男人，妳每年只有一、兩次（生日和情人節）會想到這段讓人放心的感情狀態。此外，當妳果眞想到時，最有可能是用以下的句子：「我希望能就這樣過一輩子。」就那麼簡單。

對一個女性（我們跟很多位談過）來說，婚姻似乎是順理成章的下一步，也是情到濃時的自然演變，但是男人通常覺得，雖然婚姻不是大敵，改變卻讓人難以承受。對多數男人來說，感情的牢籠雖然可能像煉獄一般，但還滿讓人愉快的。多數男人相信，**承諾**這個「大未知」才是地獄。

怎會這樣？或許妳會問。男人的心究竟出了什麼問題？為了給妳一點沈重感和哲理（最多就這樣了），想想一個普通男人**沒**在想「性」的時候，會問自己：「究竟落單（獨立）比較苦呢，還是被套牢（互相依賴）比較苦？」我們沒辦法再簡化幾分。他為什麼想定下來？對他有啥好處？他當然知道自己會失去什麼。對許多男人來說，會想要一輩子跟同一個女人在一起，就足以被送去作心理分析。雖然我們沒有心理學的學位，但我們知道結婚對男人來說，在情感上大概相當於女性生產一樣；而男人通常得先一步經歷人生如此重大的改變。對於還不了解「改變＝死亡」的女人，我們只要求妳體認一件事，就是妳男人將失去很多自由。承認它。接受它。

好啦，現在請妳重回女兒身。希望妳現在了解到，如果想搞定終身大事，妳男人身上必須發生驚天動地的轉變，促使他產生質變，成為**有計畫的男人**（又名：做好準備、有意願、有能力也有結婚打算的男人），那樣的轉變，就是我們所謂的結婚動能；那是一股類似慣性的力量，一旦啓動，只有強大外力才能遏止，例如：他媽媽。這股力量可能以各種方式呈現，對有些人來說，是逐漸領悟到婚姻是他人生的下一個交流道。有些人的婚姻動能則突如其來，就像在蜿蜒的山路間，突然來到一個不易發現的轉彎處，而且四周沒有護欄。換句話說，結婚動能也許在最不適合、最意想不到，或是最沒計畫的時間悄悄接近男人；不管怎樣，一旦它發動攻勢，想停都停不了。來看以下的例子，強調本章的幾個重要術語。

## 雪柔和藍迪

雪柔是個聰慧、有魅力的廣告AE。網路泡沫化後，她從舊金山搬到芝加哥，沒多久就認識擔任運動用品行銷主管的藍迪。藍迪在異性之間一向很吃得開——他並不是玩家；他知道自己喜歡什麼，而且不打算定下來。兩人交往約半年後，雪柔先是每個週六晚上到藍迪家過夜，後來在他衣櫃挪出地方擺自己的衣服。兩人在一起約一年後，藍迪早晨上班時，會說：「晚上見，愛妳喲。」儘管雪柔還沒有結婚的心情，但她對於心目中似乎日益加深的這段感情，仍舊開心不已。她二十七歲第一次遇見藍迪，當時她不抱任何期待，但是當藍迪獻上一條漂亮但卻不算特別的喀什米爾披肩，當作她二十九歲的生日禮物時，她不禁「有點失望」。交往一年半後，雪柔的期待慢慢超越薩克斯第五大道百貨公司買來的圍巾，和隨口一句的「愛妳喲」，也許因爲這樣，她感到一陣怪異的焦慮。她已經來到交往轉折點（當一個人質疑自己目前的感情狀況時），而她對藍迪到底在打什麼算盤，卻毫無頭緒。

儘管她並沒有因爲邁入二十九歲而大驚小怪（又不是四十五歲），但這次的生日似乎讓她感到不安。一年半的時間飛逝，雪柔相當確信藍迪是眞命天子，但她還沒有收到任何暗示，表明對方也認爲兩人關係將朝「結婚」邁進。兩天後，當雪柔的朋友妮可要她「有所行動」，讓她更加焦慮。起先雪柔被這位直言不諱的（已婚）朋友惹惱，但她知道妮可出自善意。妮可的話令雪柔了解，她最好儘快弄清藍迪的心意，不然就得放下這一切、從頭來過。

後來那個週末，雪柔和藍迪在他們最愛的希臘餐廳吃晚餐，雪柔覺得她需要得到一些答案。當她說到自己有多開心，用這種不經意的方式提到他們的關係時，藍迪馬上應和。「可是，」雪柔繼續說，「開心代表的意義，跟半年前不一樣了。」藍迪察覺到對話的走向，於是突然迸出一句：「怎樣啦？一切都很好，急什麼急？」這眞是雪柔的兩難時刻。她想在餐廳和藍迪起衝突嗎？她是否眞的準備好聽他的答案？

到這裡先暫停一下。我們要指出在這段情感關係中，缺少了某種東西，使雪柔相當煎熬；雪柔幾乎無從得知藍迪對結婚的立場。雖然雪柔過去曾數度提出這個話題，但是藍迪從未眞正回應（這個技巧又名「不沾鍋」）。我們也必須指出，因爲雪柔對自己在這段感情中的位置毫無頭緒，因此完全沒有運用結婚動能。雪柔不是那種會硬碰硬的女孩，她亟需進行一些婚姻策略，才能得到她想要的答案。

於是雪柔便進行她的計畫。但是，在我們告訴妳她做了什麼之前，請先問自己，換成是妳，對藍迪的問題：「急什麼急?」會如何反應。

a.「不急。當我沒說過。你叫得出幾位美國總統的名字?」

b.「藍迪，你最好快想想『戒指』的問題吧。」

c.「急!?你這個自私、麻木不仁的痞子！我看我是浪費了一年多，跟你這可悲、懦弱的娘娘腔在一起！」

d.「別急。我也喜歡跟你在一起，所以我真的不想再跟別人約會了。但是，如果需要的話，我還是會這麼做。」

沒錯，最好的回答顯然是d，不過呢，我們還是來逐一檢討每個答案吧。

a.→轉移話題。這個不怎麼新鮮的作法，只會讓無可避免的事晚一點發生，更別說會妨礙妳施展策略。妳已經轉移話題夠久了。面對現實吧！

b.→藍迪知道問題所在。這是他要做的最重要決定。至於雪柔，她得告訴藍迪兩人應該永遠在一起的理由，而不是採取對抗的姿態，或者在身份上做文章（每個聰明女性都知道，戒指不是妳的真正目的；它充其量，只是婚禮即將到來的信號）。

c.→憤怒是很糟糕的濫用之物，請小心使用。在這個例子中，雪柔有很好的機會把話說清楚，但是她的非理性回答，卻毀了陳述意見的大好機會。

d.→雪柔冷靜以對，但立場堅定。她不僅沒有大吵大鬧，而且讓對方知道，如果他想得到獎品，最好先買票。

最後，雪柔選擇以d的方式回答，所以事情進展得頗爲順利……

雖然藍迪一開始震驚到說不出話來，但是他這輩子第一次對雪柔另眼相看，藍迪不僅認定雪柔是「女朋友」的料，也感受到她是個有主見的女孩，並不是非要他不可。換言之，雪柔按下結婚動能的其中一個按鍵：她的行情看好，還有其他人等著要。藍迪並沒有被雪柔提出的難題給威脅，而是對她的力量刮目相看，兩人感情也因此升溫。他們都感覺到，此生有對方眞好。

那麼，下回他們來到最愛的希臘餐廳時，會發生什麼事呢？這次藍迪提到結婚，還玩笑著說：「那是妳眞正想要的囉？」藍迪問。

雪柔微笑，她知道策略奏效，於是回答：「當然。我是說，我不怕承認，人生中有些事是我想去體驗的。」

他們又點了一瓶希臘酒，手牽著手回家，體驗這充滿喜悅、來勢洶洶的結婚動能。

**我們學到** 雖然妳可能認爲我們使用「策略」這個字眼，暗示我們贊成耍心機。錯了，我們無論如何都無法容忍耍手段的人（除非在玩「比手劃腳」），但是，婚姻策略確實涵蓋幾種精心設計且不失優雅的小技巧。這種策略通常是指，妳在發現找到未來老公，到他也認定妳是未來老婆的關鍵期之間，妳所從事的低調行爲。雖說在兩人開心得不得了和毫無壓力的階段，若無其事地照樣在一塊是完全被鼓勵的，但是若伸出以兩人關係爲基礎的觸鬚，試探他的立場，也不失爲好主意，如此妳才知道該以什麼策略將感情修成正果。記住：婚姻策略不是玩遊戲，也不是要詭計，而是去碰觸這段關係的「引爆點」；在這個點上，一點微妙的小暗示或改變，都可能引發顯著的轉變，製造出結婚動能。

雪柔和藍迪是抽象的例子，接下來要給妳一個具體線索，幫妳製造結婚動能。我們將訓練妳認識自己擁有的力量，而這股力量將懲治他對婚姻的抗拒；因爲妳必須讓他認爲，「結婚」就像妳想的那麼美好。我們列出包羅甚廣的**結婚動力**，幫妳克服那些他爲了阻止妳的行動，而設下的所有情緒路障。

許多已婚的男性朋友提到，他們一開始原本沒打算結婚的，但是下列某一項或多項結婚動力，將他們推向禮堂。請仔細閱讀。把這份清單貼在冰箱上，只是別被他看見。我們不建議用粗魯的方式，不假思索地脫口而出，甚至不建議和他討論。記住，了解哪些結婚動力會發揮效果，意謂妳了解是什麼樣的信念和感受，使妳的「目標群眾」有如此表現，而妳不該洩漏出去。一旦了解這些策略性的接觸點，就會明白最成功的計畫是發自內心、不著痕跡地運用。

## 十大結婚動力

### 動力一：贏得戰利品

男人大多喜歡競爭，從收入、汽車，到運動比賽的得分都要比，講到女人也是如此。我們並沒暗示說男人將妳物化，我們只想告訴妳，他們**確實**如此。抱得美人歸，對男人來說，頗值得自吹自擂一番。當男人把女孩從婚姻市場帶走，並且認定這麼做會讓其他男人眼紅，那種滋味實在棒透了。

**妳可以這麼做** 給他一個印象，就是妳行情看漲。這點很重要。讓他知道在婚姻市場上，妳絕不乏人問津。也許阿嬤曾跟妳說過一句古老格言：「追著男人跑，直到他以爲他逮到妳了。」聽阿嬤的話（妳想嘛，妳媽沒聽她媽媽的話，而妳又不聽妳媽媽的話，所以妳聽阿嬤的話，對妳肯定有好處）。

## 動力二：男人要媽媽

每個鐵漢心中都有個小男孩，想被撫慰、被寶貝、被療癒。別忘了，人類的第一個姿勢是捧著乳房吃奶；對有些男人來說，情況並沒有多大改變。

**妳可以這麼做** 在你們關係的每個階段，一定要表現出無論在一起多久，妳都會一直照顧他。雖然多數女人對於「男人＝嬰兒」不敢苟同，但是具備撫育男人的能力，是巧妙搞定終身大事者的重要特徵。如果妳對他的朋友、家人或同事，都能全心支持並忠誠對待，白馬王子便不願意太快放棄妳的疼愛。此外，直覺靈敏的女人，懂得從「寶貝」的階段，順利轉型到「誘惑」階段，以致男人根本渾然不覺（或者得到尿布疹）。如果妳在這方面的技巧尚未純熟，只要給他恰到好處的關注就可以了。

## 動力三：當他的火辣朋友

「友誼」和「性」，是妳可以給男人兩樣最重要的東西。男人不僅尋求男性友誼，也希望在老婆身上找到和哥兒們相同的諸多特徵，像是忠誠、聰明，還有漂亮的正手擊球。不過，男人不會從死黨身上尋找的，是「火辣辣」的東西。因此，如果妳不但是他的好友、網球球友、副駕駛或密友，還能跟他一起幹「壞事」，可以為妳加不少分。

妳可以這麼做 加入這些大男孩，但是還附帶一個好處，就是讓他知道，妳偶而還願意做或聊聊「男人」的事。舉例來說，下次他看棒球賽時，哥兒們喬治到外地去了，妳可以主動陪他一起看。然後，讓他上到妳的三壘，或者妳上他的三壘，他八成會想，跟喬治看棒球就從沒這種好康。

## 動力四：馬上被另眼看待

就算他曾經因為公然「遛鳥」而被逮捕，一旦男人被套牢，他幾乎在每個社群都會受到尊敬。他不但可以在茶水間講老婆的事，或是跟老闆夫婦來個兩對約會，當男人能夠替兩個人發言，會是很有面子的事。

妳可以這麼做 就算他還在玩電動，聽到自己的屁聲會傻笑，但世人經常對已婚人士給予相當的尊敬。有證據嗎？平均來說，已婚男人的收入多於同齡單身漢。婚姻能大幅提高某些男人的信心。男人所愛的不外是尊嚴、有人以他為榮，而且有能力保護親密的人（稍後會舉個我們喜歡的例子）。

## 動力五：兩個人付一人價

如果說，企業組織在近幾十年來想通一件事——除了如何藉由謊報獲利外——就是對的合併能創造眞正的協同作用。許多男人（和女人）對未來的經濟狀況充滿擔憂，因而一想到妻子和家庭，便感到恐懼、懷疑和自我憎恨（有些人以此作爲還沒準備好的藉口）。除了賺更多錢，有些男人喜歡「擁有經濟伙伴」的概念，這會讓許多男人有如釋重負的感覺；即使只是因爲有人可以幫忙報稅（或是把表格寄給會計師），這種簡單的事。

妳可以這麼做 緩和這樣的恐懼，便能大有斬獲。把握機會展現出，妳的價值觀和經濟目標與他相同，證明你們在一起會成爲一股「拼經濟」的力量。無論是兩份薪水支付一份房租，或者有人共商購屋大計，我們認識的許多男人，希望家裡能有個財務方面的支援對象。妳要讓他感覺，妳在心理和理財上都具備健全心態（他也要給妳這種感覺），這不表示妳應該開始剪折價券，但確實意謂多數男人在考慮結婚時，經濟會是個重大課題。如果妳讓他知道，妳將會是一項資產而非負債，對妳來說是一大利多。

## 動力六：不想讓「小弟弟」沾到「菜花」

這個一看就懂吧。一條腿劈好幾條船，總有出包的時候。我們不認爲，很多人會因爲怕惹麻煩而結婚，但若一個人認爲未來的「性福」岌岌可危，說不定會開始重新評估自己的生活方式，寧可遵循一夫一妻制。

**妳可以這麼做** 如果妳不知道性病的絕對統計數字，隨便掰一個吧，反正他永遠不會知道的。不管怎樣，ＨＩＶ或ＡＩＤＳ之類的疾病，眞是有夠噁心的（婉轉說法），稍微提醒他預防性病除了禁慾外，最佳的保障就是一夫一妻制。

## 動力七：我的購物贈品咧？

無論是有關社交、財務或吃吃喝喝，分享家族的財富或傳統，是搞定終身大事的另一種方法。家裡一定有人擁有某種讓人垂涎的資產，例如湖人隊球賽的球場邊線票、鄉村俱樂部的會員資格，或者可以參與的事業。購物贈品是招徠顧客的最佳工具之一，麥當勞的「快樂兒童餐」就是個好例子。贈品代表好康，能使任何一筆交易更誘人。套句行銷術語，贈品會使人**更想要**。妳是不是出身王永慶的家族無關緊要，任何大小東西都有可能讓這筆生意更有吸引力。只要贈品不是他跟妳在一起的主要理由，沒有必要把它想得很負面；事實上，它反而是使妳獨一無二的一部分原因！

**妳可以這麼做** 如果妳既非名媛，又沒有豪宅，也不必灰心。早在盤古開天闢地以來，所謂的嫁妝原理，適用於凡是可透過這筆交易獲得的附加物。儘管男人不會爲了古董銀器組或度假別墅而結婚，但是如果知道未來老婆的阿嬤基因優良，外表比實際年齡年輕二十歲，絕對有強化動機的功效。根據妳男人的喜好，所謂的贈品可以是任何東西；老媽的一級棒烤肉醬、老爸的免費法律諮詢，或是老姊的股票明牌都算。

## 動力八：大小孩怎麼替小小孩換尿片？

很多男人在血氣方剛的時候，由於生理結構的影響，特別渴望發揮男性雄風，但就算是全世界最不得了的「小弟弟」，終究有「玩完」的時候。沒錯，這些人喜歡「上床」勝過「上禮堂」，但是七十歲的登徒子，就跟出現小酒窩的鬆弛屁屁一樣沒啥搞頭。當男人不敵地心引力，使「小弟弟」跟著抬不起頭來，往往和年齡大有關係。

所以，當男人自己到了需要用成人紙尿片的時候——不管那時患了關節炎想要養兒防老，或是升官想要慶祝——都不該考慮生小孩。

**妳可以這麼做** 用各種微妙的方式，提醒他已經不復當年勇。比如說，在他過生日時，把三十六根蠟燭一股腦插在蛋糕上，應該可以在他屁股燃起一把火。

## 動力九：我想播我的種

這是自然演化的事實：男人想散播自己的精子，一如狗想留下自身的氣味。雖說成家不見得要被套牢，但如果在婚姻制度下生兒育女是你們的目標，負責任的人通常會在某個階段對彼此承諾，至少是爲孩子著想。我們都認爲，男人是爲了當父親才被降生在地球上，而婚姻使男人更靠近這個目標（雖然「生殖」並不是男人結婚的首要理由）。

**妳可以這麼做** 雖然這個問題應該在兩人關係穩定後才拿出來討論，卻是滿有用的工具。讓他明白，如果他把握良機、好好辦事，說不定未來可以帶一支小聯盟，有二十個小傢伙對他言聽計從；這個想法對他內心當爸爸的慾望具有重大影響，只不過，請別在頭幾次約會就提起這檔子事。

## 動力十：愛（我們把最好的留到最後）

沒錯，這不是神話。男人大多爲了愛而結婚。把自己最眞摯的情感，投入一段美好愉快、充滿愛和「性」致勃勃的關係之中，依舊是結婚的最佳理由。如果他愛妳，不想失去妳，他就會做對的事。愛不會過時、不是虛構，也不是某個人生肥皀劇的殘渣剩菜。他對妳的愛，是他想走入婚姻的理由；現在是，未來也是。

**妳可以這麼做** 全心全意地愛他。

我們毫不保留地公布以上這些令男人「想婚」的基本動機。現在的妳，總算了解是哪些想法誘使男人的腦袋迸出「那個問題」了吧。

## 行銷婚姻

在婚姻由別人安排的年代（像是皇室基於外交考量，或者宗教家族爲了某某神明的理由），族長或村裡的媒人婆，堪稱行銷人員的濫觴；他們在敲定一場聯姻的過程中，扮演化妝補強的角色。媒人婆透過完美的呈現技巧，竭盡所能地幫委託人隱惡揚善。想像兩百五十年前，某位歐洲媒婆是這麼形容女方的：「她十分美麗（解讀：她四肢健全），身材玲瓏有致，曲線分明（解讀：她很矮，卻生得出孩子來），出身自明斯克郊區（解讀：她沒見過太多世面，但也不是鄉巴佬），至於她父親就更不用說了，是個非常成功的木材商人（解讀：她很闊綽，你不會去管她是不是長了一口暴牙）。」

這年頭，媒人婆只負責幫妳找男人，但不保證對方會求婚，所以如果妳想把獵物弄到手，就得親自下海做點婚姻行銷。畢竟除了妳的父母外，最期待妳結婚生子的就是妳自己。所以，妳需要學會推銷自己，又不會搞的像在電視購物頻道賣東西。接下來跟著我們學習幾項重點，幫妳把自己推銷給妳男人。

不論是在賣飲料還是賣A片，我們想把那些行銷技能塞進妳的下意識。以下就是更多值得考慮把妳娶回家的理由。

## 清點妳的資產

雖然跟前面提到的婚姻動能清單有相似之處，因為同樣是進入男人腦袋一探究竟，但這份清單羅列的不是促使他朝結婚目標前進的因素，而是妳所能採用的創意行銷自己的方式，以及他對婚姻是怎麼想的。廣告或行銷界把這項資產叫USP，又名「獨特推銷提案」（unique selling proposition），好萊塢管它叫「鉤子」。我們稱之爲妳的**資產指南**。請記住：一切就看妳怎麼解釋，所以，把它想得正面一點吧！

## 家庭

有些人喜歡加入熱鬧的大家族，遇到節日可以回家團聚。如果妳的伴侶正是如此，而且妳跟家人相處得很融洽，儘管提出來吧！耶誕節和新年到家裡住幾天，跟另一半的兄弟在後院玩軟式足球；每次都跟幾對夫妻一起度假，安排大規模的家族聚會。讓他嘗點甜頭，同時讓他知道，等妳冠上他的姓以後，還有更棒的呢！

**策略** 很多男人喜歡加入熱鬧的大家族（解讀：他們喜歡組自己的球隊）。去參觀甘迺迪家族位在漢尼斯波特（Hyannisport）的複合建築物，可以得到一些點子。

## 妳來自什麼樣的家庭？

或許妳跟家人幾乎互不往來。很多男人（不是我們——我們很愛家）不喜歡吵鬧，有些人對於參加妳外甥的洗禮或小聯盟比賽不感興趣，無法忍受爲了未來丈母娘而放棄週末到郊外野餐。如果妳跟他都不熱中家族活動，早點讓他知道，妳沒有這些負擔。

**策略** 如果家庭方面的責任不大或根本不必負擔，對妳男友來說極具吸引力，而妳的想法也跟他一樣，請好好利用假期吧。趁著不必上班，充分享受兩人世界。

## 生活方式（或者：幫助他改變生活方式）

我們認識的很多女性，都過著多采多姿的生活；她們有一份令人稱羨的工作，有談得來的朋友，有自己的興趣和喜好。至於許多男人呢，則是單調無趣。他們陷入一成不變的生活，很需要找到方向和正常的社交生活。當某個男人與妳的生活合而爲一，他只要一想到可能失去妳和妳帶來的一切，這個念頭往往跟妳在學生時代的舞會照片一樣嚇死人。無論妳是音樂製作人還是行政助理，男人都希望擴大社交生活。帶他去搖滾演唱會或聖誕派對，向他誇耀他從未體驗過的社交活動，足以使他暈陶陶。廣大的社交圈外加有趣的生活方式，是會讓人上癮的，也唯有妳才有讓他上癮的能耐。說到妳的朋友，別忘了我們在「動力七」提到的使自己升級的機會：朋友的親戚在開曼群島買了房子？還是在巴黎有毫宅？沒有比在自己人的房子住宿更棒的事了。妳以前的室友搬到夏威夷了？現在，她終於可以回報當初她跪在姊妹會廁所前接受酷刑，而妳抓著她的頭髮的那些晚上了。到了搞定終身大事的關頭，爲了營造精彩生活，別不敢要求任何人回報。

**策略** 沒有女人會喜歡那些只對物質或上流社交圈感興趣的男人，但是，妳在擴大他的社交生活、保持社交生活樂趣方面的能力，將直接影響你們的關係。

## 優良基因：她不胖，她是我媽媽

家裡有某個人，任何人，是特別有意思的嗎？有害群之馬嗎？當然，有個在最高法院做法官的阿公是不錯啦，但如果曾祖母是個鄉下歐巴桑，也別不好意思。不管是有趣、性感或刺激都叫做「多采多姿」，所以說，老媽給的就照單全收唄！把自己弄成各種精采基因的大集合，哪怕事實上比好萊塢的婚姻更容易洞悉。

老媽（或者女性近親）是美女嗎？她的五官有特殊之處嗎？像是大大的棕色眼眸，或者火辣辣的身材，甚至是肢體（腿、手，連笑容都算）。就算妳沒辦法說：「看我媽都×歲了，外表還那麼年輕？」也要想辦法找出她的強項，因爲這麼講意味著男友以後也會看到妳變成這副模樣。如果老媽「穩如泰山」，不妨向男友透露，老媽每隔幾年胸前就「偉大」個幾吋。

**策略** 每個人都有特別之處，從身高到笑容，乃至好個性。發揚光大吧，別把它埋沒了。

## 多花點時間跟已婚夫妻在一起

留意一下你們倆都跟誰混在一塊，因爲妳的決定有可能讓自己斷了婚姻之路。妳應該掌握環境的主控權，讓你們倆被有意思的已婚夫妻包圍，同時遠離那些過度滿意現況的單身族。把那些動不動就談到最近跟性感空姐來個三人行的人給開除，因爲當妳男人應該搞定終身大事的時候，不該讓他做春秋大夢。

此外，很多人之所以結不成婚，是因爲舊愛介入，無謂地讓事情變得複雜。如果妳還跟以前那位藕斷絲連，現在顯然該做個了斷。以前那位還跟妳「勾勾纏」，並不是眞的想要妳的**人**，而是妳這個人的**概念**，好讓他們有更多選擇。如果妳已經決定現在這位是最後一位，卻還和前男友來往，只會惹禍上身。搞這些飛機會讓你們倆的感情跟妳男人的自尊一樣，脆弱易碎。

**策略** 嚴密監控你們倆的社交圈，確保跟你們來往的人，不會阻礙你們的婚姻之路。換句話說，把前男友及好色單身漢的人數減到最低。

## 共同嗜好有多重要

找到老公前，有時要先找到嗜好。無論是旅遊、滑雪、烹飪還是血拼，找個你們喜歡一起做的事。共同探索新事物是個好的方式，從布魯克林植物園的植栽課，乃至比佛利山莊的肉毒桿菌注射派對，每對愛侶都應該試著讓嗜好既有趣又可共同分享。

太多愛侶只靠週六晚上的固定時段，以爲這樣就算盡到最大努力，但是如果想有個迷人又穩固的感情關係，兩個人都得砸下時間跟心思，爲求愛過程創造興奮刺激的背景。雖說「培養」嗜好聽來有點老套，但是請看看你們這一對在一起享受的那些事吧。這些事可以簡單到一起看電影、做菜，或者玩迷你高爾夫。重要的是，你們在一起的時候都很開心。

策略 能在一塊玩的男女，就能在一起。當然，我們不是主張你們時時刻刻都得膩在一塊，但若你們只爲了吃飯、嘿咻或血拼才在一起，好是好啦，但卻算不上是一段健全的感情。

## 讓自己變成貼身女管家

打理家務不再是女人的專利，但是如果妳認爲妳男人整天只顧著打掃，或許妳應該三思。我們沒叫妳走性別革命的回頭路，像個女傭一樣幫他打掃房子跟洗衣服，但是面對現實吧，每個人（包括妳在內）都喜歡被服務。起碼妳可以在禮拜天早晨，在飯桌上放個貝果吧。

這裡要講的，其實是「我是眞心在乎你」的小小愛的表現，如果妳等著他先做，導致兩人都不採取行動，這段感情會變成「自己顧自己」，這可不是好事。如果妳男人喜歡下廚做菜給妳吃（或至少會主動幫忙打掃），算妳走運；如果他不動如山，而妳不想做菜，沒人說妳應該做。用外賣食物來布置餐桌也行，只要準備他最愛喝的啤酒或冰淇淋，他就會感受到妳的這點好處。多數男人喜歡把自己當成城堡裡的國王。

眞的。

**策略** 在一段感情關係中，做個獨立、有力量而且平起平坐的伴侶是件美妙的事，但我們現在談的不是這個。我們認爲，妳在創造和諧快樂的家庭生活方面，應該儘可能求表現並成爲好伙伴，即使技術上妳還沒有和他共組家庭。順利的話，他也會這麼待妳。

## 找兄弟姊妹幫腔

在搞定終身大事的過程中，妳的兄弟姊妹可以是助力，也可能幫倒忙，所以要留意家人在一旁說些什麼。妳看到妳老哥走向妳男人，在他背後一拍，說道：「眞等不及你趕快把小妹帶走，爸媽快招架不了她的臭脾氣了。」如果是這樣，或許妳該請他暫時一邊涼快去。

相反地，如果兄弟姊妹是妳的最佳公關，一定要確保他們有很多機會在妳男人面前幫妳美言幾句。舉個例子，如果妳猜妳的兄弟會說：「嗨，老妹，還記得當初達拉斯的牛仔啦啦隊試圖網羅妳嗎？」如果是這樣，多請大哥到妳和男友的住處坐坐，應該能順利塑造某種印象。

**策略** 對許多人來說，我們的第一個眞正的人際關係（除了父母以外），就是兄弟姊妹。雖然沒人說和手足一定要很親密或相處融洽，但是如果兄弟姊妹懂得說些好話（或至少懂得隱瞞眞相），當然是勝過千言萬語。爲了讓妳男人多加了解並進而尊重妳，第三者的背書絕對能大大加分。

雖說我們恐怕未能滴水不漏地列出所有的結婚動力，或所有可能促進一段關係的資產，但我們希望能讓妳理解妳男人在想些什麼，或專注在妳可以做的事情上面。有些人或許會想，爲什麼只有女人要努力？如果妳男人幾乎或完全不出力，那可不是好現象。但是，如果他對前面提到的一些刺激做出正向回應，請繼續這麼做，因爲妳對顧客關係管理愈是純熟，很快會得到回報的。

## 資訊超載

雖然這不是神經科學，也不是研究所的行銷課程，但妳一定要好好消化本章提到的具體細節。行銷婚姻和行銷妳自己，並不是輕鬆好玩的事，但某些方面是必要之惡。搞定婚姻大事就像經營大事業，需要努力打拼和多年練就的手段。說穿了，**取得**和**保持**是直效行銷的重要觀念；如果這兩個詞彙跟終身大事無關，我們就不知道哪些有關了。

最後，容我們提醒：如果妳和此處的討論內容完全反其道而行，或者妳的努力只是虛應故事，情況的進展恐怕不如你意。沒有人寧可聽從教科書而捨棄坦誠對話；表現得太過躍躍欲試可能嚇到他，但若完全漠不關心，妳那不明就裡的伴侶肯定會摸不著頭緒。所以請慢慢來，先嘗試前面提到的幾項結婚動力並觀察結果。當妳把本章的祕訣納入生活或交談中，它們會成爲妳的第二天性，而妳也將發現，你們倆的關係已經提升到下一個互相理解的層次。

# 3 公主的腋下

多數男人會在有意無意間，娶個像自己媽媽的老婆，所以他們尋找的，是表現出他們視為典範特質的女人。

男人想要的女人，不僅了解「清潔」的意義，也知道「保養」是什麼意思。

一對愛侶交往了幾個月，開始玩起在對方家過夜的遊戲。當時兩人並不是那麼隨隨便便，但也不至於太拘謹。男方蠻訝異這段感情令人放心而且單純，早上第一眼就看到身邊有個女孩並不是壞事，他讚美她性感的睡姿，和那渾然天成的美。但是，他不知道的是，她硬是要比鬧鐘早半個鐘頭起床，偷偷溜進浴室，梳洗刷牙，然後像個中情局幹員似的偷偷爬回床上，只爲了在他臂彎「醒來」的時候，看起來跟聞起來像陽光一般清新可人。妳以爲這種事不會發生？當然會。作者之一就遇過。

現在，妳說妳絕不會幹這種事，因爲妳希望呈現眞實的自己。不過在此之前，要不要我們提醒妳，有個叫「化妝品」的東西？對哦，妳說。那妳的口臭、鹹魚般的腋下，和毛茸茸的下巴咧？妳爲什麼不耍點小伎倆，讓自己一大早看起來儘可能好看一點？這個點子並不壞。鬧鐘一響，誰都不希望躺在身邊的是個老巫婆或流浪漢。除非妳打算先向對方提出這個問題，否則我們建議妳，先把自己的個人清潔工作處理好。也許他會了解。

現代社會的好處之一，在於男女交往的時候，都有機會先瞄一下眞相，再做出眞正的承諾——無論是隨興在對方家過夜，或者同居。男人所見所聞的，往往可能影響他們對結婚的慾望。本章要討論的議題，是如何**管控**男人會看到的東西。顯然每個男人想看到的不盡相同，但是男人通常希望看到的，是突顯女性特質的事物。換句話說，男人尋求那些不屬於他們的東西，而那些正要靠妳來給。

## 男人需要妳！

前面提過：男人喜歡女人儘可能溫柔婉約。我們男人喜歡妳最令人驚豔的樣子；無論妳是爲了參加晚宴而盛裝，或是週末早晨穿著男生的四角內褲吃早餐。不過，問題不光是妳的外表跟氣味；根據以往紀錄，男人多半喜歡舉止不像男人的女人。

哪個男人不希望回到家被溫柔親切地對待？在外生存大不易，一點心靈或肢體的溫柔，可以讓人舒服好久。

不過，趁妳還沒誤會，我們認爲在某些狀況下撒撒野確實很痛快；像是在運動場上，在球賽中，甚至在職場，能夠破口大罵的女人，可能會給旁人帶來很大樂趣。當然，許多男人喜歡跟某個女孩在一起，只因爲她就像哥兒們一樣，他們可能甚至想跟她上床，但不表示他們會考慮和她結婚。在絕大多數的社交場合，和在極私密的環境中，「粗魯」可不是一項優勢。

## 「打扮」（grooming）使妳得到「新郎」（groom）

妳常聽別人口沫橫飛地講到自己對別人的第一印象，以及第一印象的重要，但是，從親密的角度來說，印象代表什麼意義？妳的儀容多整潔，比起五次晚餐約會，更能說明妳這個人。妳有異味嗎？妳穿阿婆內衣，還是性感丁字褲？妳穿美美的睡衣上床，還是超俗的運動褲？妳每天刮腿毛擦乳液，還是每逢閏年才這麼做？

男人一講到女人，就變得理想化起來。他們是**眞心**想把自己的女人當成女神，但要知道的是，其實眾多男人只有兩種類型：（一）雄偉的台座，（二）用來放啤酒罐的地方。多花點力氣在儀容上，對未來的新郎永遠不會是浪費。

潛入表象之下，妳的私生活給人的印象可能增進感情，也可能使感情變調。比如說，這年頭狩獵的男人已經不多了，他們對濃密的叢林不敢興趣。如果妳向來不知道男友的偏好，而且不在乎自己穿上比基尼時露毛，應該試著了解他喜歡妳做怎樣的造型。個人打扮的選擇，愈來愈像裙子的長度一樣流行來、流行去；這一週是「飛機跑道」，下一週變成「巴西人」，接下來幾乎一絲不掛。跟我們談過的男人，對女友的造型多半都有自己的偏好。無論妳決定哪一款，別忘了整潔占總分的百分之十。

除了個人衛生和造型外，進入對方的私密空間可能代表許多意義，包括共享個人空間。雖然男人不該反對騰出櫃子空間擺女性用品，但挪動空間，和看見使用過的衛生棉條飄在馬桶上，兩者還是有差別的。也就是說，妳習以爲常的事，不代表他見怪不怪。

或許妳覺得個人衛生對妳來說再自然不過，但兩位作者的妻子都表示公共女廁常常不堪入目，可見我們的擔心不是空穴來風。我們自己算蠻幸運的，沒有見識過任何噁心的東西，但我們的朋友伊恩，可就不是這麼回事。他說他跟女友交往三個月後，無意間撞見女友正在啃指甲。起先我們不覺得有什麼，後來他才說，她啃的是腳指甲。有夠猛。親密是美妙的，但如果妳希望他對待妳的身體一如進入神聖的宮殿，千萬別讓自己看起來像是牛鬼蛇神。

倒不是說，男人不必在乎自己的儀容，但是面對現實吧，社會大眾對男人在衛生和儀容方面的（雙重）標準，有時比女人來得低。多數男人在用完跑步機後，根本沒想到要洗個手、擦把臉，就大剌剌坐下來享用浪漫晚餐。如果妳對愛人的衛生和儀容有所疑慮，發現他經常散發「男性氣味」，就必須誠實說出哪些事令妳「性致勃勃」，哪些令妳「性味索然」。親密感是互相的，人生中最親密的舉動，當然是兩性在創造幸福關係時，彼此的公平對待。

Quiz

## 在廁所和臥室找到新郎

妳在親密的環境中行為失態嗎？和男友共度親密生活當然不能避免私密的時刻，妳的處理方式可能使妳像個淑女或蕩婦。我們倆其中一人的妻子表示：「有些事應該永遠留給對方想像。」來看看妳的表現如何。

**1. 妳到他的住處，非上廁所不可。**

a. 妳沒關廁所的門，繼續你們的對話。

b. 妳叫他開DVD，因為妳會去一陣子。

c. 妳低調走向廁所，便便之前噴點香水（或點燃一根火柴）。

d. 妳告訴他，很慶幸即時趕上，否則就得大在褲子裡。

答案：c。低調走向廁所。

雖然生理現象是自然而且正常的，但妳的處理方式，尤其在公寓小套房，對於設定你們對彼此的尊重程度是很重要的。噴一下最愛的香水（那是妳為了類似場合而擱在包包的）應該足以應付。套用墨菲定律，男人總會在妳一出廁所就馬上進去。

**2. 昨晚在他的房裡，你們如何決定誰睡哪一邊？**

a. 妳用指甲摳他的背，把他推到另一邊。

b. 妳觀察他不假思索地把手錶或鬧鐘放在哪裡，再決定睡另一邊。

c. 妳挑選最靠廚房的一邊，如此一早就可以靜悄悄起床，弄早餐給他吃。

d. 妳建議兩人以床的對角線方向睡，因為凡事都要講求公平。

答案：b。妳觀察他不假思索地把手錶或鬧鐘放在哪裡，再決定睡另一邊。

如何搞定睡哪一邊，顯示妳對他的主權以及他在這屋裡定下的規矩有多尊重。雖說為了睡哪邊而鬧出命案的例子可說是少之又少，但是處理不當的話，可能會留下很糟的舊帳。聽我們的話：你們在往後的愛情長跑乃至結了婚，大概還會繼續為了毯子、枕頭、室內溫度和睡姿談判，所以請用一點經得起時間考驗的交際手腕，來處理你們的「床事」。最後一件事：把貝果和燻鮭魚送到床上，聽起來蠻讚的，但如果妳太早抬出這招，除非打算經常這麼幹，否則他說不定會覺得不對勁。

**3. 你們還沒分配房間的空間之前，妳把衣服擺在哪裡？**

a. 攤在地上。

b. 妳把他的西裝推到一邊，自己占用衣櫃裡的一根橫桿。

c. 妳把衣服隨便疊成一堆，當枕頭睡在上面。

d. 妳撿起幾樣東西，隨意丟在椅子的一邊。

答案：d。妳撿起幾樣東西，隨便丟在椅子的一邊。

不著痕跡地把衣物隨便團在椅子上，代表一種隨興的優雅，和對物品的尊重，又不致流於古板或執著。男人通常是不修邊幅的，所以別費心弄什麼Felix的系列產品了（就是那種超龜毛的整理工具，什麼東西都要用字母排序）。臥室裡多了女性用品和小物，對男性來說也許是一大震撼。基於各種理由，妳男人恐怕不習慣有雜七雜八的東西散落在他的臥室。

**4. 你們正在嘿咻，電話響了。**

a. 讓它跳到答錄機。

b. 妳一把抓起電話，氣喘吁吁地喊：「喂！喂！」

c. 妳看一下來電顯示，再決定要不要接。

d. 妳接了電話，因為那是客戶打來的。儘快打發完畢，再接下去辦事。

答案：a。讓它跳到留言。

中斷溫存去接電話，是粗魯無禮的行為，最可能累積彼此的怨懟。專心投入，讓溫存的時刻只屬於你們倆。妳為了處理沒有男友重要的公事，而在做到一半（或甚至是重要對話）時踩煞車，肯定會損害伴侶的信心，使他納悶自己為何無法抓住妳的注意力、為何他不是妳的第一優先。除非人命關天，否則別無來由地停止。

**5. 妳沒做避孕措施，而你們都不想奉子成婚，所以妳想用保險套，但他抵死不從。妳會怎麼說？**

a. 去死啦，怎麼我老碰到這種事。

b. 沒關係，只要你先在這份「非計畫中子女養育合約」的這裡跟這裡簽名即可。

c. 沒問題。看你的樣子，應該不是愛滋病帶原者吧。

d. 抱歉，給我安全性行為，其餘免談。

答案：d。抱歉，給我安全性行為，其餘免談。

女士們，關於這點應該沒有妥協的餘地，因為妳要承擔太多風險。肌膚相親時，別不好意思要求妳想要且應得的保護措施。如果他氣呼呼地試圖說服妳，請把它視為某種信號。相信嗎，我們認識的男人，如果曉得不帶套子的後果是非計畫中的懷孕，大多會放棄不帶套的樂趣。決定嘿咻時，務必確認伴侶能確保妳的健康，否則套子可能是市面上最好的人壽保險。

**6. 妳一覺醒來，想吃甜甜圈和咖啡。**

a. 妳用手肘推他，叫他弄得像現做的，然後端過來。

b. 妳在廚房四處找咖啡或茶，然後各煮一壺。

c. 妳在冰箱冷凍庫翻來翻去，然後吞掉他最後一塊年輪蛋糕。

d. 妳惡扁他一頓，因為他的廚房只有保險套和調味料。

答案：b。在廚房四處找咖啡或茶，然後各煮一壺。

煮個茶或咖啡，然後端兩個杯子出來，對男人來說，妳這樣的簡單動作似乎就像讓他呼吸到新鮮空氣一般。畢竟，多數單身漢不常被人「秀秀」，所以這個舉動會給人五星級服務的感受。此外，它也說明妳有照顧人的一面；這對於正在物色終身伴侶的男人來說，是很重要的。

**7.男友回到家，妳正在跟最要好的朋友講電話。**

a. 趕緊把電話結束，告訴對方妳待會再打過去。

b. 親他一下，然後繼續講。

c. 妳當著他的面，帶著無線電話筒到廁所，告訴他妳肚子好痛。

d. 妳一面講電話，一面給他熱情問候，看他在妳掛上電話前，需不需要妳。

答案：a。趕緊把電話結束，告訴對方妳待會再打過去。

或許妳覺得d也是恰當的答案，其實不然。讓男人感覺自己是一家之主，是搞定終身大事的關鍵；如果妳的動作顯示出，沒有誰比他更優先，更能加強他「一家之主」的信念。當老闆經過妳的辦公桌時，妳會看他需不需要妳，才停止在eBay上標購那個完美的包包嗎？當然不會嘛，在這裡是一樣的道理。男友一進家門，妳的世界就該以他為軸心（他也應該如此對待妳）。

俗話有言，多數男人會在有意無意間，娶個像自己媽媽的老婆，所以他們尋找的，是表現出他們視爲典範特質的女人。當男人把女友帶回自己家，通常是想尋求自己信賴的人的認可；而這些親人的特質，正是男人重視的。然而，這些家人沒辦法看到妳表面以下的東西，只有男友才會根據他的觀察做出認眞決定。雖說「衛生習慣」在男女交往中不算是問題，但是一旦成爲問題，就會是個大問題。來看看瑪妮的例子吧。

## 瑪妮

瑪妮可說是天之驕女。她美豔動人（眞的），一身古銅色肌膚，住在最酷的閣樓裡（平面電視就懸掛在壁爐上方）。她風趣幽默，反應快，而且口袋麥克麥克（老爸是大律師），還有，她的打扮活像《慾望城市》的女主角，穿比基尼更充分顯露好身材。既然如此，這個得天獨厚的女孩，爲何會獨守空閨呢？跟瑪妮的幾位前男友談過後（我們認識他們），我們發現瑪妮有必要把她的行爲打掃一下（就是字面的意思），包括她那張吐不出象牙的嘴巴（雖然在大學時代感覺很風趣）。

瑪妮罵起人來就像喝醉酒的船員，而她對沖澡的定義，就是往身上噴一噴香水。此外，她的指甲老是髒兮兮，衣領上圍了一圈污垢（我們兩人其中之一的祖母說，千萬別相信脖子髒兮兮的女孩）。瑪妮那間令人讚嘆的寬敞閣樓公寓活像大型垃圾場，堆滿髒衣服、碗盤和菸灰缸，她有種「被帶壞的姊妹會女孩」氣質，喜歡擠出果凍後把空盒亂丟，在餐桌上把無聊當有趣（她的經典之作，就是在餐桌上對著食物打嗝）。瑪妮的人生是一連串的派對，她永遠是最出眾的那位，但是她的不衛生和沒禮貌，扼殺了幾段本來可以認眞發展的關係。

瑪妮二十七歲那年，對一個名叫卡爾的銀行業者認眞起來。瑪妮欣賞卡爾跟他家人的親近，且卡爾經常談到他多希望在不久的未來，也有自己的家庭。卡爾對瑪妮展開猛烈追求，他愛她古裡古怪的幽默感，以及她對運動的熱愛。他覺得她性感到不行，上床下床都充滿冒險精神，也因此他有一陣子對她的衛生習慣視而不見。

一開始，卡爾以爲瑪妮大概是因爲工作太忙而無暇打掃。卡爾自己不是特別龜毛的人，所以一開始當他把髒盤子堆在她家水槽時，還滿高興女友沒說什麼。然而經過幾個月，卡爾發現瑪妮並不是因爲沒空才不愛乾淨，其實她天生就是個邋遢鬼。更糟的是，有個週日早上，當卡爾坐在瑪妮家沙發上觀賞足球賽轉播，竟然在椅墊下發現一個發了霉的外帶餐盒。瑪妮立刻道歉，把它丟進廚房裡三個打開的大垃圾袋之一。卡爾告訴她，他住在兄弟會的四年當中，還沒見過有人把餐盒掉在沙發下呢（瑪妮難以置信）。還有更扯的。卡爾告訴我們，屋裡各種氣味雜陳，他連食物發酸的味道都聞不到了。

過了幾個星期，瑪妮和卡爾約喬依和塔拉共進晚餐，瑪妮喜歡跟年輕夫妻在一起，因爲卡爾在這類聚會後經常會說，他等不及成爲正式的一家之主。瑪妮也知道，喬依跟塔拉喜歡跟她在一起，因爲她那種病態的幽默感，總能逗得他們哈哈大笑。

聚餐當晚，瑪妮比較晚下班，她回到家從椅子上隨便抓了一件洋裝，胡亂套上外衣就出門了。當她來到餐廳時，卡爾、喬依和塔拉正等她到來。卡爾起身替她脫外衣，這時大家都發現她洋裝上有個紅色的大污漬。瑪妮轉了轉眼珠子，輕描淡寫地說：「這就是摸黑換衣服的下場，我以爲上次濺到酒以後，已經把這件送洗了……」塔拉打斷她的話：「是三個月前在我家的那次嗎？」瑪妮笑了。「對啊！有夠好笑的吧？」不用說也知道，沒人覺得好笑。卡爾羞得無地自容，開始張大眼睛重新審視瑪妮。

沒多久，卡爾再也不認爲散落在浴缸的毛髮很可愛，也不認爲散漫的態度是甜蜜的性格缺陷。瑪妮爲床上狂野的女孩寫下全新定義。一天晚上，當瑪妮對著卡爾的主菜打完噴嚏後（決不誇張），卡爾下定決心他受夠了。過去他曾不經意地指責她的邋遢行徑，但現在他是來眞的。她出身在不錯的家庭，但爲什麼就是改不了惡習？一開始，瑪妮感到驚訝，不敢相信卡爾竟然對她的行爲這麼反感。「你是從什麼時候開始，對這些事那麼嚴苛的？」她問卡爾。卡爾回答：「自從我開始思考，妳要如何把我們的孩子養大。」這下子瑪妮無言以對。

往後幾個月，類似的事情仍然層出不窮，所以他們每次爭吵，瑪妮的衛生習慣就成爲主要引爆點。卡爾漸漸不再去瑪妮的住處，最後他們每週只見面一次。當卡爾發現瑪妮仍舊我行我素時，他終於喊停，因爲他認爲這反映出她對這段感情不夠認眞。瑪妮這種「要愛就愛眞正的我」的主張或許有點道理，但若妳應該好好刷洗一番，就該停止這種想法、聞聞自己身上有沒有汗臭味。

瑪妮的例子太極端嗎？或許吧。但是最近我們觀察到，有幾種相當不可取的習慣難以促成良緣，舉凡在正式餐宴上手機講不停、不盡最大努力把最好的一面呈現給對方，或者在公共場合出言不遜。壞規矩足以腐蝕一段感情的基礎。儀容不整和衛生習慣不良也是；這等於不給予伴侶或自己最大的尊重，或者是，妳不願付出努力。

還不確定自己能不能通過準新娘的最基本衛生和禮貌習慣測試嗎？我們讓妳很快找到答案。

## 絕對禁忌清單

講到這裡，自我檢查的最後一步，就是核對以下如何「親密而不失態」的絕對清單。其中的內容，就是妳跟妳等不及想嫁的男人相處時，絕對不可觸犯的終極禁忌。

1.臉上多餘的汗毛。

2.腋下的毛。

3.恐怖大濃妝（除非妳是小丑，或者正在跟小丑交往）。

4.出口成「髒」，特別是在打嗝、放屁或嘔吐後（除非妳是女星蔻特妮・羅芙（Courtney Love））。

5.吃自助餐時食量比男人還大（除非妳身懷六甲）。

6.腳趾甲一節一節，和啃得亂七八糟的髒指甲（除非妳負責踩葡萄，或是製陶工人、農場工人）。

7.口氣聞起來像魚或菸灰缸（除非妳是美人魚或爵士歌手）。

8.沒清洗的私處（除非妳割除卵巢）。

9.大黃牙。

10.長了毛的痣（除非妳是辛蒂．克勞馥）。

## 要努力，不要放臭屁

男人想要的女人，不僅了解**清潔**的意義，也知道**保養**是什麼意思。此外，如果妳讓他一開始頗爲欣賞妳的衛生習慣，後來卻愈來愈馬虎，要搞定終身大事恐怕有困難。對自己的儀容、清潔和良好的行爲舉止持續努力並付諸行動，將爲交往過程及其後帶來很大好處。所以，別偷懶。

# 4 她憑什麼先嫁掉？

**對多數（值得嫁的）男人來說，女人的自信，是相當迷人的特質：尊重自己、有自信的女人，從不覺得必須跟其他女人明爭暗鬥。她們不把競爭看在眼裡。**

肥婆菲跟恐龍妹嫁掉了，妳卻滯銷。無論妳花多少錢做頭髮，或者爲了一雙美鞋花掉半個月薪水，當別的女人正忙著把自己嫁掉，妳卻把時間浪費在絕望中。女士們，多數男人分不出Prada跟路邊攤。如果他們分得出來的話，我們也有對策……

在本章中，我們將告訴妳如何在不花大錢的情況下，把自己跟對手輕易區隔開來。首先，妳已經成功吸引男友注意，但現在我們認爲，妳應該學會幾個更精密的要點，是關於如何讓男友的眼光**永遠**停留在妳身上。結婚和承諾並不容易，聰明的妳會想，置身單身女子的茫茫人海中，究竟如何讓他一直待在妳身邊，而且一輩子對妳興致勃勃。妳會發現我們提出的一套觀點相當簡單，卻有辦法避開女人間的火線衝突。

## 要搞定終身大事，就不要搞競爭

就算妳系出名門，還是會擔心在男友作出最終的承諾以前，會半途殺出個程咬金來。沒錯，到處都有單身辣妹（事實上，我們兩人其中之一最近到巴西，發現在聖保羅一帶，女男比例是七比一），但是等妳讀完本章後，這一點就完全不造成困擾了。我們打算教妳連傻瓜都會的作法，保證妳再也不會敗給競爭對手！沒錯！方法呢？簡單：妳必須同意「非競爭條款」。

「競爭」在求愛行動中是無足輕重的，除非妳說得是網球。妳一定要了解，未來老公是對妳這個「人」感興趣，而不是妳比所有好女人還要高明多少。

我們不管妳是不是每天被地球上最美的女人包圍，但只要妳拒絕跟這些女人競爭，照理說就沒有競爭存在。前面說過，而且會一再重複的是，對多數（値得嫁的）男人來說，女人的自信，是相當迷人的特質；尊重自己、有自信的女人，從不覺得必須跟其他女人明爭暗鬥。她們不把競爭看在眼裡。

過去在講到男女交往和結婚時，女人絕不是彼此的最佳盟友。競爭往往引發人性中最惡質的一面。在約會階段，競爭可能導致女人（和男人）做出某些不堪的行爲，這種行為可能是導致男性失去興趣的主因，無論他自己是否覺察到這一點。我們並不否認男人喜歡偶而痛快吵一架，但一般說來，如果妳因爲看似不充分或不存在的理由而過度負面的話，男人會察覺到，並因此而對妳敬謝不敏。

問題不光是妳的行爲，還有別人的。置身在採取負面心態的女人之中，可能會逐漸侵蝕妳自己，對搞定終身大事的能力造成無可修補的傷害。跟異性交往時，要把能量集中在你們倆的關係上，而不是在其他女人身上。雖然妳無法控制其他女人的行徑，但妳可以控制妳自己的反應。

一如「見不得人好的人」（playa hata）*的涵義，這種人老是抱持著負面想法，讓自己被陰鬱的能量和惡劣情緒包圍。並不是所有女人都見不得人好，但很多女人有類似傾向（往往是因爲缺乏安全感），因此這種心態可能使女人在邁向紅毯的路上栽跟頭。

了解到「見不得人好」的心態是大問題，我們認爲，診斷出問題所在便成功了一半。因此，我們列出以下問題，讓妳看看自己是不是個「見不得人好」的人——是否有這樣的傾向，或者被這樣的傾向所困。

---

*對於單身了一段時間的人來說，所謂「見不得人好的人」是指他或她因為完全沒有屬於自己的主場賽，因而嫉妒他人的人。

# Quiz

## 妳是「見不得人好的人」嗎？

**1. 是非題**

妳走進酒吧，首先會去注意其他女性。妳的答案是「對」嗎？不妙。見不得人好的人經常犯下這種心懷鬼胎女人的頭號失禮行為。

**2. 要老實！妳在女性朋友的婚禮上哭泣，是因為……**

a. 結婚的不是妳。
b. 新娘比妳年輕八歲，更別說體重還比妳輕十八磅。
c. 妳被要求穿上的伴娘禮服（和手套）老是那種燒焦的橘紅色。
d. 以上皆非

如果答案是d，代表妳沒問題。但是，如果選擇a，b或c，是因為妳偏好那種有人反對兩人結婚，或有人暴斃的婚禮，那妳絕對有問題。

**3. 當妳下棋輸了時，通常會有什麼反應？**

a. 不玩了
b. 老娘從沒輸過。就這樣。

c. 作弊。反正兩歲的姪女又不會注意，更不會記得。

d. 以上皆非

如果選a，b或c，表示妳見不得人好。如果妳選d，是因為從沒下過棋，不盡然表示妳不是這樣的人。有些見不得人好的人不下棋，是因為下棋把詆毀其他女人的時間給耗掉了。

**4. 當妳跟同事都對「新來的帥哥同事」有好感時，妳絕不會……**

a. 週一早上在同仁會議上親吻他的臉頰，尖叫道：「天哪！我打過電話給他耶！」

b. 用同事的電子信箱，寄瘋狂的郵件給他。

c. 讓最好的女人贏吧。

d. 把立可貼偷偷塞進同事的包包，害她因為竊取辦公室用品而被捕。

這個問題有陷阱。妳跟某個男人愛情長跑多年，希望把他套住，所以妳已經失去和同事鬧緋聞的權利。但是，如果妳的單身同事都是好女孩，她們會選c，因為見不得人好的人不會在三個句子內，使用「女人」和「最好的」來形容對方。

**5. 是非題**

妳認為，跟姊妹淘公開談論其他女性朋友的個人穩私，是最痛快的。「是」？那妳就是粗魯的見不得人好的人。

如果妳發現自己有見不得人好的心態，或許妳男人也納悶妳爲什麼會這樣。他會想，妳是否相當缺乏安全感。他也會想，別的女人有什麼是妳沒有的。我們設想，如果妳跟這個男人長期交往，可見得他有許多理由待在妳身邊。或許該看看自己的內心，把妳爲這段關係帶來的所有美好事物清點一下。愛別人要從愛自己開始！

當「見不得人好」的心態走向極端，對所有指望修成正果的感情都不是好事。如果妳發現自己常跟見不得人好的人鬼混，就該遠離那些狐朋狗友，好好洗滌惡業。兩位作者其中一人的小姨子，她有一群「朋友」顯然沒有爲她的最大利益著想。起先，小姨子懷疑周遭的人並不是眞心對自己好，後來在減肥幾公斤卻沒人爲她高興時，終於確認這一點。有一天，她覺得自己受夠了她們；當時她還未婚，必須花很多力氣遠離她的主要社交圈，但她寧可落單，也不想跟這群見不得人好的人爲伍。我們認爲，她在一個月內認識未來老公，並非純屬巧合。

外在的負面力量很可能傷害任何一段感情，因此千萬別讓自己置身在競爭中，或是充滿見不得人好的人的環境。然而，當妳開始採取正向的態度，並且拒絕參與這些負面競爭，便能有效反擊負面勢力，進而贏得男友在搞定終身大事選舉中的選票。從現在起，對競爭說「不」。

既然我們已經談到「見不得人好」和「競爭」是男女交往的兩大禁忌，就來說說某些加分絕招吧。

## 贏得男人的十大必殺技

肥婆菲跟恐龍妹究竟有什麼是妳所沒有的？也許她們打從十七歲起就安於自己的樣子，從不曾見不得人好。或者，因爲她們很清楚贏得男人的十大必殺技，也就是男人無法擋的十大性格特質。既然本書不僅討論創造成功感情關係的基礎，也談到關於如何被人訂下來，因此一定要走一遍我們認爲是構成健全關係、放諸四海皆準的特質。以下段落不要妳恨，而要妳**愛**。

首先說點抽象哲理：假設妳相信有所謂「靈魂伴侶」的概念。意思是說，每個人有上千位潛在伴侶，還有多到數不清的配對方式，這樣的概念並不會嚇到妳，此外，這也意謂妳讀這本書，是因爲對妳那位心目中的靈魂伴侶感到洩氣，因爲他還沒有一定要「把妳娶回家」的強烈信念。妳之所以沒有被訂下來，或許意味著妳男人並不全然贊同靈魂伴侶的理論。雖然妳不知眞愛存在與否，但他正在計算某個人在茫茫人海中以隨機方式配對，婚姻幸福的機率有多大。所以問題來了：如果妳男人不太確定妳就是他的靈魂伴侶，當他表示你們結合的成功機率爲 $\Sigma ((a*z)!Sin/3+\Psi /X(2))$ 時，如何讓他放心跟妳走下去？

我們用贏得男人的十大必殺技來解決這個定理。當妳調整成適合他的樣子時，會使他開始相信自己已經找到了天命——就是「妳」。十大必殺技的靈感來自宗教誡律，它是感情雙方和諧共處的堅實基礎，由於本章的用意是幫助妳把妳男人的注意力導向它應該停留的地方（妳），如果不談談妳應該怎樣，而一個勁只說妳不該怎樣，那我們未免也太混了。

無論他是銀行家、汽車銷售員、律師、警察、作家、公車司機、會計師，還是醫生，男人在找老婆的時候，會去留意某些普遍性的特質，而這些特質都是建立一段情感關係的重要元素，好比食物、空氣和水是生命重要元素一般。它就像是原始的十誡，幾乎是不可以違背的（除非妳願意面對違背的後果）。第二章提到的結婚動力所涵蓋的，是使妳男友對結婚感到興致勃勃的因素，至於十大必殺技則讓男友對妳的人感到興奮，而且會持續下去。

## 1. 自尊自重

我們比莎士比亞在《哈姆雷特》中更加雄辯，但我們不想在這類場合中讓他出糗。他寫到：「尤其要緊的：你必須對自己誠實，正像有了白晝才有黑夜一樣。對自己誠實，才不會對別人欺詐。」雖然他指的是誠實，但同樣道理也可以用來講「愛」。如果妳無法愛自己，就沒有男人能愛妳。自尊自重以各種形式展現，舉凡保持儀容的整潔，或是以冥想創造某種內心的寧靜。懂得自我欣賞的女人，很容易就跟不懂的女人區分開來。沒錯，部分來自於自信（發自內心地相信自己，是需要勇氣的），但也跟學會**喜歡自己**有關；而這剛好跟那些見不得人好的人的心態相反。

## 2.全心關注

聽聽這個：男人都有個巨大的自我。酒吧鬥毆和世界大戰，往往是因為巨大但脆弱的自我，因此只要再多幾個女人不斷告訴我們，我們有多棒（而且讓我們信以為眞），極力安撫男人薄弱的自我空洞感，總有一天男人全都會擁戴世界和平。這種作法有很多種名稱（溺愛、照顧等），但是用心的女人、仔細留意並預期男人在身心上有哪些感受的女人，將留下效力強大且持久的印象。

或許妳已經注意到，男人在表達情感時，並不是最佳的溝通者。男人感覺被冷落時，不會大剌剌地說：「注意我，我希望自己是很重要的。」但是男人至少每隔一段時間，就喜歡確認，自己就是妳的世界中心。

話說回來，也別關注過了頭。我們的本意，不是鼓勵妳要他回想一整天工作的每一分鐘。問他這天過得怎樣並傾聽他的回答，比較接近我們的用意。沒錯，我們知道這聽起來有點難拿捏，事實也是如此，但是妳必須在他想要的關注和想要的空間之間尋求平衡，並把他要的給他（他一定要同等對待妳，重點在使你們兩人都很開心）。相信妳有辦法在兩人的情感關係中找到一個適當的位置（也許妳已經找到了？），使彼此的關注是自然的，而不是吃力不討好。別過度解讀（我們曾經犯過這個毛病），平衡點大多出自直覺。

## 3.忠誠謹慎

我們找不到任何例子，說明配偶不該把另一半擺在第一位。雖然你們還沒有被永遠連在一塊，但是妳最好儘早讓妳的伴侶見到忠誠的種子，否則他恐怕會把他的忠誠種子播在別的地方。我們並不是說，如果妳正在跟連續殺人犯交往，一定要堅持到審判的時刻。我們要說的是，當妳男人的朋友指控他打高爾夫球時作弊，妳至少要捍衛他的名譽。謹慎也是忠誠的一部分；別把男友對妳透露的，一五一十都告訴姊妹淘。

或許聽起來有點封建，但是妳男友的名譽對妳而言應該是很重要的，甚至應該爲此挺身而出。我們兩人之一的友人史蒂芬，跟女友莎拉去參加一場正式的無聲拍賣會。正當他們打算對某項物品出價，這時負責拍賣的人員宣布拍賣結束。有個男的和女伴站在史蒂芬附近，一把從史蒂芬手裡抓來寫字板，說已經過了出價的時刻，又說史蒂芬作弊，因而引起一陣騷動。這位開罵老兄的女伴立刻離開現場，莎拉卻留在原地。她很了解史蒂芬的爲人，知道他不願惹事生非，但他絕不會欺騙作假，於是莎拉不僅親自跳上火線，好好給這莽漢一頓教訓，她也花時間對所有願意聽的人說，史蒂芬是個多麼好的人。等人群散去，史蒂芬爲莎拉所做的一切道謝，莎拉微笑以對，跟史蒂芬說她願意再這麼做；即使那個人指責史蒂芬太晚出價，並非無的放矢。以上故事到底跟忠誠有什麼關連？其實，那只是幫莎拉搞定終身大事的諸多事情之一。

## 4. 人格正直

沒錯，就是這個。道德品行存在於一個人的骨氣之中。你們都見過T恤上寫著：「每個偉大男人的背後，都有個偉大的女性。」現在妳可以成爲那樣的女人了！個性是許多特質的總和，包括正派、慈悲和誠實等等。我們在這地球上，還沒見過哪個人刻意娶個名聲不佳的老婆（至少在第一次婚姻前後）。無論妳是逃漏稅或對前男友不老實，總之男人不想娶個醜聞製造機，只要看看東尼・索波諾（Tony Soprano）＊就知道。即使人格層次最低下的人，都希望自己交往的女人不僅明辨是非，也懂得做出正確選擇。通則是，男人不會娶個道德上比自己低下的老婆（對許多男人來說，或許是因為沒有這種女人存在吧）。如果妳過去做過幾個不理想的決定，從這些經驗中學習。如果過去的錯誤被他知道了，正視他的眼睛，說妳從那些錯誤學到很多，以後絕不再犯（無論是什麼），因為那段經歷實在很不好受。

## 5. 幽默風情

下次妳在閱讀人物專訪時，數數看女人用多少種方式說：「最性感的，莫過於幽默感了。」這是用另一種方式表達：「最性感的男人，就是能讓很棒的場合變得更好，當情況急轉直下時仍然自信積極。」言下之意也可以解讀成：「不管你多醜，我還是會跟你一起開懷大笑，並且開你玩笑。」那麼，反過來說，女人為何不能表現幽默？有幽默感的女人也是美好的，她不僅能依場合說笑，也絕不會不解風情。

---

＊索波諾（Tony Soprano），美國電視影集《黑道家族》中的黑社會家族老大。

## 6.稟性溫和

一般來說，男人不希望女人比自己更有男子氣概。我們見過不少女人，誤以爲男人多半想娶個男人婆。或許在高中時代，男人以爲自己想娶隔壁班那個男孩氣的女生，但女性特質卻是多數男人所渴望的。雖然，女人容不容易跟男生「混在一塊」是個額外誘因（參見第二章，結婚動力三，「當他的火辣朋友」），但絕對不能把女人味給犧牲掉。舉例來說，如果老婆能向老公從委內瑞拉來的伙伴解釋內野高飛球的規則，這樣是不錯啦，但不能是在她站在小便池前尿尿的時候。不光是行爲舉止像個女人，裡裡外外都要有女人味。妳應該把柔軟的肌膚、溫柔的觸摸、撫慰人心的聲音和刺激感官的氣味，當作是有助於搞定終身大事的妙計。

## 7.有妳真好

作個好伙伴可以成就許多事情，而這招必殺技要派上用場，多半要讓自己變成男人的好朋友、傾聽者、一同參加活動的伙伴和照顧者，效果尤佳。找出你們喜歡一起做的事，對任一對愛侶都有幫助（參見第二章，「共同嗜好有多重要」）。只要找到兩人喜歡一起做的事，自然能增進關係。無論是烹飪、健行、航海、看電視，還是禱告（一邊看運動比賽轉播）。經常尋找令人興奮的新方式跟男伴共度的女人，也是為了種種適切的理由而追尋婚姻的女人。但是隨著年歲增長，你們喜歡一起做的事難免會有所改變，因此好伴侶也意謂在探索兩人可以一起從事的活動時，懂得變通和調整。

伙伴渴望彼此的陪伴，無論他們正在做什麼。他們應該知道何時給對方撫慰，何時踢他一腳。最佳伴侶是好幫手，可靠、無私，而且穩定。若是作長遠的打算，找個可以作伴的女人就像替婚姻買保險，意思是說，當輪椅行經的路愈來愈崎嶇不平，妳會陪在他身邊，跟著他亦步亦趨地前進。

## 8. 美好心靈

我們說不清這些究竟是什麼，但我們確實知道，遇到一個氣場很好而且有善業的人，我們會喜歡她。保持正向的觀點與高尚行爲，對人生各方面都有好處，不光是婚姻而已。正面氣場跟善業尤其充滿誘惑力。所以說，如果妳的人生是一分耕耘、一分收穫，就請妳付出美好的心靈吧。

## 9. 前後一致

本書探討的多半是行爲面的，因爲學會控制自己的言行，要比學會控制情緒更管用。這三件事（妳的言、行、情緒），一定要具備些許一致性。我們無法給妳來個氣場的移植或態度調整藥丸，但可以要求妳反省自己的情緒穩定度（參見第五章）。

一致性會轉變成穩定性，而穩定就長遠來講是個重要特質。舉例來說，如果妳每次吵架就大哭大鬧，妳的眼淚會很快失去作用，而妳男人將質疑妳的穩定度。我們的意思不是說，男人不喜歡眞情流露的行爲……但請記住，男人眞正要的是，每當我們參加完單身漢派對＊後回家，問妳們生不生氣，再附上一貫的親吻時，妳們也會一致性地回答「不生氣」。

## 10. 用心努力

哪個先？是冷漠，還是離婚？誰在乎？我們。我們敢斷言，「冷漠」一直是男女關

---

＊單身漢派對（bachelorparty）是指準新郎結束單身生活之前，他的男性單身好友為他舉辦的一場狂歡會。活動內容除了喝酒玩遊戲之外，有時還會請脫衣舞孃來表演。

係的最大殺手；它往往是在關係冷卻但尚未決裂時降臨。無論你們最近是否經常爭執，還是相處愉快，你們的關係永遠不該在自動導航下前進。有時候，維繫關係好像很費力似的，因爲妳被迫做些違背本性的事，但是當事情進展不順遂的時候，千萬別讓男人認爲妳是會輕易放棄的那種人。花點小力氣，像是在無謂爭執過後先道歉，充分表現出妳會一直注意改善兩人關係，爲此他將更欣賞妳；因爲雖然他知道自己也有錯，但若妳迎合他的自我（參見必殺技2），他更會對妳尊重三分。

不，我們沒有雙重標準。男人應該以三倍力氣回報這一切，否則妳最好直接翻到第九章「切斷魚餌」。

關於贏得男人的十大必殺技，最棒的在於，只要如實遵守，妳在他心目中眞的會像世界上唯一的女人。

## 把自己銷出去

妳大可把這本書背熟，甚至採用多數建言，但如果妳不懂得推銷自己的美德，男友將不會去「買」。凡厲害的業務員都會告訴妳，最簡單的推銷術，就是發自內心地相信這項商品的價値（推銷員的名言是：「絕不賣空盒子」），當妳把兒時的創傷、糟糕的過往、乏味的自我形象和見不得人好的個性拋開，並且提醒自己，妳擁有全社區最綠的草皮，那麼每個人（尤其妳男人），都會想在上頭玩耍。

無論是行銷產品、電影或人，好的特質值得誇耀，尤其在今日的世界更是如此。不是每個動作都要「誇大」或「戲劇性」，但是當妳用單純或平凡的方式，展現妳溫和的本性或忠誠時，象徵的意義更豐富。某些情況下，柔性推銷可以跟剛性推銷一樣有效；舉例來說，如果他喜歡妳的幽默感，妳不必在晚餐時來場單人秀，只要偶而搏他一笑也就夠了。

所以說，如果妳還在納悶，肥婆菲跟恐龍妹爲什麼嫁得掉，表示妳還沒弄懂搞定終身大事最重要的一課：搞定終身大事的人，會讓出現在她們生命中的男人知道，她們擁有男人想要的一切。這些女人每踏出一步，就會令男人感覺，自己即將在婚姻馬拉松贏得金牌獎。

# 5 該抹多少情緒化妝品？

在邁向禮堂的路途中，三不五時照照鏡子，看妳的情緒化妝品是不是塗得太厚，還是濃淡得宜。

如果要用幾個字來歸納本章內容，答案是：妳的態度。

每個女人生來就被賦予個人特有的情緒化妝品；面對男人時應該塗抹多少，當然多半得看對方的情緒狀態。有些男人能夠處理並認同妳的情緒起伏；有些人卻只要一看到眼淚，或聽到音調提高，就會心生畏懼或啓動防衛裝置。妳必須了解妳男人，以及他願意承受多少情緒；妳也必須了解妳自己，和妳動不動上演激情戲碼的傾向。如果妳是個濕軟的情緒海綿，需要很多的愛和關注，而妳男人卻像石膏板一般，長期而言他或許不是能滿足妳（或應付妳）的那個人。

有幾件一般性的事情，幫助妳了解男性人種的情緒。我們很樂意提供幾個祕訣，教妳應付妳男人跟妳自己。

不久以前，我們讀過兩性專家宣稱男女來自不同星球的書，我們也跟多數人一樣，相信男女的差異遠超越生理層面。事實上，妳們女人知道，男人和女人實際上有多大不同，但是每天跟妳那口子互動時，卻又往往沒認眞去想這件事。

## 男人來自地球

我們調查到的多數男人，能在跟老婆或女友吵得如火如荼之際跑去睡覺，而且還擁有一夜好眠，而他們的女人卻翻來覆去難以成眠，巴不得把男人喊醒，繼續沒完沒了地吵下去。男人通常不像女人那樣隱藏自己的情緒，也不會過度情緒化。依我們的經驗，男人比較不容易受到情緒劇烈起伏的影響；換句話說，男人的情緒比較**可以預期**。

另一方面，我們認識的女人對不同時刻出現的類似刺激，卻經常出現不同反應。（嗯，這是明顯的以偏蓋全和陳腔濫調，但這個說法並沒有錯——許多女生馬上向我們招供）。我們知道在這裡講話必須小心謹慎，而我們也不希望完全失去觀眾，所以請容我們說重點：如果妳希望搞定終身大事，妳必須讓妳男人覺得，他娶的女人像邁可．喬登那麼穩定、不失控，且具備抗壓性；儘管妳自己可能正面對劇烈的情緒起伏。

和感受力各自不同的多位男性談過後，我們的結論是：搞定終身大事的最大敵人，就是容易失去理性、過度敏感、過度耽溺於情緒、不切實際，或者（怎麼說呢？）過度喜歡操控的單身女性。事實上，男人在思考該離開還是步入禮堂時，會認眞考慮女人面臨壓力時的反應。女方的特質往往會爲一段情感關係定調；如果妳有脾氣不好、愛爭辯、尖酸刻薄或防衛心強（也就是，見不得人好）的傾向，或許妳的地位已經岌岌可危了。

## 每月報到一次的大姨媽

我們預估多數的讀者投書，都是衝著這個段落而來，不過，我們還是得花時間討論妳每個月荷爾蒙的上上下下。我們想，如果一堆女人可以抱怨自己被這檔事搞得多腫脹、多苦惱，我們爲什麼不能講？不管經前症候群是不是眞正的原因所在，但多數女性的情緒擺盪，經常歸咎於它。

## 男人大多「霧煞煞」

事實上，很多男人對月經一無所知，尤其如果他們從來不必幫自己姊妹買衛生棉的話（或根本沒有姊妹）。男人多半不怎麼了解身體如何運作，當然也就無法聯想到每月一回的情緒波動從何而來，因此任何心情擺盪，對妳男人來說往往都是全然陌生和非理性，導致妳的月經成了大罪過，即使那時並非妳的生理期。當然，如果妳荷爾蒙高漲且勃然大怒，並不表示沒有發洩情緒的權力，不過要記住，妳正在邁向婚姻的途中，必須努力控制心情，免得讓眞命天子摸不著頭緒。

男人在許多事情上可能是不成熟的，尤其是面對妳的月經，因爲我們每個月並不會發生類似戲劇性的事，因此無法感同身受。妳頂多是讓伴侶知道大姨媽來了，感覺不太舒服；這項訊息幫助他了解妳的感受，而不是讓他充滿挫折，不知道自己爲何必須在妳身邊躡手躡腳。

無論是不是經前症候群，任何時候的非理性行爲不僅使妳無法如願結婚，男人也更有可能產生「我幹嘛淌這渾水？」的反應。撇開生理期不談，我們認爲，再次提起如何「自我控制」的主題，永遠不嫌晚。

無論是情緒起伏，受到工作影響的態度或任何情況，在此我們要奉送妳幾個自我控制的祕訣。妳如何像個甜心女郎般處理大問題（即使妳全身浮腫而且腳抽筋），同時在婚前協議乃至「我恨他老媽」的主題上，依舊是立場堅定：

1. 想好再說。

2. 邊說邊想。

3. 想想剛才說的（如果妳認為有必要，考慮另做解釋或道歉）。

基本上，如果妳知道自己每個月有一段時間會動不動就亂發脾氣或摔電話（先不管是不是大姨媽惹的禍），並不表示妳的處境無可救藥。事實上，當妳一頭霧水的男友看傻了眼時，妳必須更努力，別讓事情失控。

## 總之，這不是藉口

無論妳的激情戲碼有什麼很棒的藉口，但只要談到感情、家庭和職場互動時，**通情達理**總是勝過一切。或許人人對「誠實坦率」都相當欣賞，但有時人們對應該妥善處理的議題卻犯了「過度坦白」的錯，尤其在心情煩躁的時候。雖然妳在男女交往或面對父母親人（或是男友的親人）時，也許覺得有些事令人難過、沮喪或不安，但是能夠在（心理、情緒或肉體）壓力下展現優雅，會給妳很多回報的。當然，不懂得游泳就會溺水，把自己弄到抽筋是於事無補的。

## 有力的女人，有力的互動

正因為女人在職場和政界持續大有斬獲，在許多情況下，新一代男性正面對比自己更有權力的女性。

成功的女性比男性同儕更難為，理由很簡單：掌權的男人對員工吼叫不會被大驚小怪，也不會被叫做「賤女人」。沒有人會在企業家的西裝或公事包的價位、樣式或顏色上做文章（唔，我們倆從沒被問過這類問題）。兩位作者算是為成功女性工作、並接受女性指導的第一代男性，我們在「性別盲目」的環境下成長，從不曾納悶「誰是老闆」，也不曾對「新的」女性角色有過任何質疑。所以，妳們這些比自己男人更會賺錢、有能力給最優秀男人當頭棒喝的女人，將得到我們的喝采。

然而，並不是每個美國人，都對性別毫無偏見；而未來公婆對妳的事業，看法也許跟妳和妳男人不同。好加在，妳要嫁的不是他們，而是他們的兒子。同樣地，隨著妳愈來愈了解未來公婆，如果他們對妳發展自己的事業確實有意見，有些方法可以改善這種狀況——有些作法卻會使情況更加惡化。如果希望得到改善，妳顯然應該注意自己的心態和應對方式。

在職場呼風喚雨的女性和她們的男性同儕一樣，有時會把威嚴帶回家，以致影響和家人對話的層次和溫度。工作一整天的壓力，以及和（對方）家人有關的課題，很可能製造或強化某種情緒。當然這種情況男女都會發生，但是把憤怒或壓力帶回家，隨便找個對象發洩，是妳在努力搞定終身大事時，需要格外留意並小心的。無論妳是老闆，或者正朝向老闆之路邁進，別把老闆的架式帶回家裡的晚餐桌，尤其如果扮演老闆的妳心情惡劣到極點。

來看看我們的一位朋友。她因爲把權力用過了頭，差點毀了一樁婚姻。

## 凱莉和狄米崔

住在波士頓的凱莉是成功的投資銀行家。她以旺盛的精力、不讓鬚眉的架式，以及在劇烈如割喉的事業中掌權而崛起。凱莉沒在辦公室的時候，就是在紅襪隊的球賽或高爾夫球場談生意。我們會說她是個冷靜、工於心計的人。兩年前，她嫁給外貌出眾的保險經紀人狄米崔；他頗爲低調，卻不是省油的燈。他很有主見、是非對錯分明。一般人自然而然受狄米崔吸引，因爲他遊歷過許多國家，見聞廣博。凱莉和狄米崔都認爲彼此找到好對象；他是性感好男，她則是講究原則、有魅力——

最棒的是，很會賺錢的優質女。

凱莉談生意時，拉高分貝的習慣人盡皆知。儘管其他銀行家偶而也會這麼做，但這是凱莉的標準動作，只要一不順她的意，她就會大發脾氣。她甚至承認她遇到水腫的時候，可能會跟史蒂芬金（Stephen King）的小說人物一樣恐怖。當人們經過她辦公室時，驚懼地聽著她斥責同事或是電話那頭的張三李四。由於她為銀行賺進不少錢，多數資深高階主管（順帶一提，不全是男性）對這種狀況視而不見，因此沒有人確定凱莉是否察覺，自己的行徑，已經對同儕和部屬造成相當程度的不自在和焦慮。

不過，凱莉並不傻；像她這麼一位強勢的女企業家，在面對老闆和客戶時，總是極盡能事展現自己的魅力跟長處。更重要的是，她有辦法把壓力留在辦公室；當她下了班，跟朋友和家人相處時，她總是格外迷人、討人喜歡而且幽默，而這正是狄米崔愛上她的原因。

凱莉愛狄米崔，對他相當忠誠，但是當他們最初決定互相廝守時，她必須盡力克制，避免對那些過分苛求的男友家人做出過度反應。事實上，凱莉曾經針對和家人相處的問題，對狄米崔苦苦相逼，結果兩人大吵一架，還差點分手。凱莉想開個感恩節派對，而這在傳統上一直是由她的未來姑嫂統籌。當凱莉明白自己沒有主辦感恩節晚餐的資格，她轉而採取「辦公室模式」來達到目的。她在狄米崔的母親面前發飆，提高聲量，指責他人，製造了一堆問題。狄米崔從沒見過未婚妻的這一面，對於他眼中的不當行爲感到很糗。他認爲凱莉反應過度了，尤其他們連婚都還沒結呢。狄米崔爲此煩惱了好幾個星期，納悶著凱莉是不是適當的人選，尤其在他母親表達了顧慮後。儘管狄米崔經常站在凱莉的立場看事情，但是他讓她知道，他不能忍受她最近在他母親面前的言行，而如果她無法好好控制「辦公室技巧」，他就要她承擔後果。

凱莉對狄米崔不再站在她這邊而感到難過，也對自己的失控相當不好意思，於是暗自決定絕不再與狄米崔、他的母親和其他姻親劍拔弩張，免得把一樁美事給砸了。她了解狄米崔並非無的放矢，且情緒性的冗長批評或大發雷霆，無法使她在這段關係中得到她眞正想要的，於是她決定改變。爲了處理上的方便，她決定把未來婆婆當作生意上的客户；當她把每天在職場的魅力、優雅和「客户服務」派上用場，不久便使自己與姻親的關係得以提升。

不管同不同意凱莉的戰術（我們不贊成封口當啞巴，只是要注意措辭），但她的新作法在結婚後並沒有改變。她深愛狄米崔，因此每當婆婆在身邊時，她會微笑點頭招呼。但是，凱莉永遠不是容易被擊敗的對手，但她學會在說話前先深呼吸；她很努力與姻親拉近距離，並藉由籌畫家庭旅遊、購買貼心小禮物與儘可能地幫忙，把他們的延伸家庭一併拉進來。於是皆大歡喜。

儘管以上的例子看似極端，卻給我們重要的啓示：即使能呼風喚雨、最令人印象深刻的女性，也可以和另一半一起努力，讓這段感情變成他們想要的樣子，並且在需要的時候，檢視自己的態度。

**我們學到** 或許不是每位客戶、同事或顧客妳都喜歡，但他們畢竟是付錢的老大，還是儘可能善待他們爲妙。何不把這理論應用在姻親上（或者任何人）？畢竟，爲妳的公婆提供「顧客服務」，要比在紅毯上一面走、一面和他們爭吵不休，要來得容易多了。

## 了解妳自己，以及其他感情殺手

情侶在交往過程中，有一堆事可以吵，在訂婚階段又會冒出另一堆。不管是哪一種情形，我們相信只要男女雙方及早建立基本原則，這些問題都可以迎刃而解。以下幾個建議，教妳應對並解決可能使感情受到影響的因素。或許妳還沒遇到，但不管怎樣，做好萬全準備總沒錯。請記住：以下建議已經爲女性讀者修改；儘管男性在這些議題上一律要承擔一半的責任，但本書特別著重在關於妳這廂的處置情形。

## 交往階段的感情殺手

### ＊單身漢習性

妳男人遇到妳以前單身了多久，會影響很多事情，包括他有多願意適應妳對他行爲所做的要求，從個人衛生到室內整潔等等。如果他積習難改，很可能無法理解爲何當他直接以口就瓶大口灌下「家庭號」鮮奶，或是對堆滿髒碗盤的洗碗槽視而不見，妳卻如此小題大作。

假設你們正在認眞交往，或是兩人到了在對方家過夜的階段，而妳也不止一次對他抱怨（例如：老是從地上撿起他的襪子、把馬桶蓋放下等等），他卻依然故我，那麼，接下來怎麼辦？妳沒辦法去跟他的上司抱怨。我們認爲，讓資深王老五學會新把戲是好事，只不過，要男人改變習慣，需要花費時間、精力，以及很多的正向力量。總歸是這麼著：尖叫和嘮叨於事無補。如果妳希望得到效果，就得放聰明些。另外，態度儘可能和善。**嘮叨**幾乎算得上是個討人嫌的字眼。

我們認爲，說到馬桶坐墊禮儀等個人衛生的敏感話題時，男人會希望妳有點幽默感，所以請咧開嘴微笑吧。當妳試圖重新訓練妳男人的時候，何不有創意一點？有位聰明又風趣的女孩已經忍無可忍，於是在馬桶坐墊上黏了一個彈簧裝置，讓馬桶坐墊自動放下；另一位腦袋靈光的女人，則是趁男人上班前，把他留在洗碗槽裡的髒碗盤放進他的公事包裡。重點是，這些女性提出批判的方式帶有一些幽默，但不是以犧牲男人爲代價，也不是任憤怒的情緒爆發，相信這種作法對妳一樣有幫助。畢竟，很多男人已經有個整天嘮叨的老娘，所以他們大概不會想找個人來取而代之吧。

＊小事情

我們對即將步入禮堂的人給的最佳建議是：爭吵要愼選。妳是否酷愛吃壽司，而他只要看著魚缸就會暈船？你們兩人是否都偏好靠走道的座位，勝過靠窗？妳喜歡趁冬天休假時滑雪，而他卻喜歡在陽光下烤人肉？顯然，即使有這些芝麻小事，妳還是喜歡他到了想嫁給他的地步。

如何解決這個問題？只要記得問自己，哪些事眞的令妳很不爽。如果他有紳士風度，就會把靠走道的座位讓給妳，而如果妳講道理的話，就會找姊妹淘一起吃壽司。

如果你們彼此相愛，而且負擔得起，每年會同時安排冬天和夏天的度假行程（或乾脆取消）。當其中一方在每次爭論時總是占上風，不表示就是這段感情的贏家；偶而舉個白旗或妥協絕對**無傷**。或許妳會驚訝，一、兩個小小的讓步，對於「妳愛他」是多麼強有力的宣言（當然，妳不該老是單方面付出。但是就以上這些情況來說，就假裝妳對他有所虧欠吧）。

如果妳男人穿著跟另一個男人一樣的襯衫，出席同一場派對，這兩人有可能成爲一輩子的朋友。換句話說，眞正的男人天生不會爲小事計較，所以別讓他們起了開端。我們認識的男人，多半樂意爲小事退讓，只要他們覺得妳也可以放棄某些對他們來說是小事、對妳卻很大條的事情（看看下一點，妳就明白我們的意思）。所以，三思而後行，尤其是在開口說話之前，而且儘可能折衷妥協。我們不希望妳因爲任何事留下遺憾。

＊哥兒們、單身漢派對，還有男孩子的出遊夜

你們倆在閒暇時，都應該優先跟對方在一起，但如果他去找他的哥兒們或參加單身漢派對，而妳卻讓他很不好過，肯定會陷入一場最古老的兩性戰爭。有趣的是，我們認識的男人，多半認爲跟自己最麻吉的伙伴鬼混（如單身漢派對之類），應該沒啥大

不了，但是，這卻是對他不算什麼、對妳卻很大條的典型例子。一旦開始認眞交往，花點時間在一起應該不會是你們感情中的問題；當然，適當的時間分配，不代表每分每秒都得黏在一塊。凡事過猶不及。

如果男友花太多時間（或一點時間）跟朋友在一起會使妳不爽，那妳必須問自己**爲什麼**。如果是因爲怕他們會帶壞他，那麼要他遠離他的朋友，並不能解決你們之間的信賴問題。我們建議妳花點心思在這上面。「信賴」對任何關係而言，都是相當重要的元素；試圖掌控他不在妳眼前的時刻，是我們所能想到最不健康的解決之道。

另一方面，如果妳未來的老公每週工作上百個鐘頭，那麼他選擇把僅有的閒暇時間拿來打高爾夫球，或者大半時間跟朋友在一起，這時身爲女友的妳，就有權感覺受到冷落，或至少將這個現象視爲一種信號。讓男人自在享受哥兒們的情誼，但也要讓他知道，如果他不多放點心思的話，聚少離多的結果意謂不久之後，他所有時間都將可以自行支配。

最後，說到單身漢派對，我們認識的女人只要一聽到「拉斯維加斯」這幾個字，就會緊張到抽搐，當腦海浮現大膽的金髮辣妹大跳脫衣舞，或出現更猥褻的動作時，光是抽象的念頭肯定就足以讓人緊張不安。我們的觀點是，妳嫁的人只有兩類：死忠跟不死忠。如果你們的關係是彼此信賴、互相尊重，那麼週末跟一群男人鬼混，是不會把中規中矩的男生變成歪哥的。反過來說，如果妳對他在拉斯維加斯（或任何脫衣舞俱樂部）的行為有疑慮，那妳也可能不信賴他在辦公室的行徑。

## ＊舊情人造成瘡疤

是否跟舊愛維持友誼，是個錯綜複雜的議題。如何找到一個對妳和妳男人有用的解決之道，又不引起其中一人的過度反應？由於這個議題相當複雜，以致兩位作者意見相左。因此，我們把兩種意見都跟讀者分享。

丹尼爾說法 如果這造成妳男友的困擾（而妳想嫁給他），也應該會是妳的困擾。由你們共同決定是否跟前女友或前男友維持關係，不失為一個好辦法。一段健康的感情關係需要**兩個**穩定的心靈；如果妳男人是醋罈子，就算把全世界所有的誓言說盡，也不會令他平靜一點，而是感覺前男友還在什麼地方陰魂不散（即使他隱身幕後）。如果妳男人無法接受前男友在妳生命中的地位，那這位前男友就得走人；如果這意謂不能參加某些聚會，或者用點心思讓火冒三丈的未來老公放心，這就是妳該做的。

這並不表示，妳不可以試著讓事情兩全其美。然而，如果沒有和平的解決之道，妳就得和「舊情人」一刀兩斷。說來令人傷感，不管前男友是不是曾在妳的貴賓狗死掉時陪妳，或者妳還有些大學的美好回憶不想拋棄，但是要知道妳打算嫁的不是這位。當然，如果妳對前男友的感情還沒完全釐清，就得重新評估目前的這段感情。如果妳沒有他就活不下去，不妨冒個險。但是要知道，無論妳做什麼，**別**在未來老公背後偷偷摸摸地做。

理查說法　我確實同意丹尼爾所說，如果什麼事情困擾妳男友，想必也會困擾妳；反之亦然。但是，我的看法沒有丹尼爾那麼明確。這年頭，許多情侶最終結爲連理，其中有許多對和舊情人變成很好的朋友，所以根據我個人的經驗（或者給我啓發的諸多好友的經驗），有三個簡單的規則，會使妳的生活單純許多。

**規則一**：如果前男友目前是妳的朋友，別期待妳的男友兼未來老公也成爲他的朋友。你們可以利用自己的時間發展友誼，但頂多是共進午餐，而且一定要跟男友報備！

**規則二**：如果十年過去，妳已經記不得兩人當年的魚水之歡，這是相當好的指標，表示他眞的就只是朋友了。但是，擁有一或最多兩個這樣的朋友是可以被接受的，超過四個就可以組籃球隊了。

**規則三**：這是例外，不是規則。**別**在一群人之中提起他（作爲話題）。妳那正在火冒三丈的未來老公，聽到舊情人的事以及他們多棒，是絕對不會舒服的。能免則免。

無論問題大小，不橫生枝節的最好作法，就是讓你們的關係保持穩健和平順。稍後我們會再談一些關於你們訂婚期間的事，但是現在請記住：如果妳跟愛人正攜手邁向婚姻，保持結婚動能絕對是明智的。無論爲了什麼，嘮叨、爭吵永遠是男女感情的剋星。

## 檢查妳的ＡＡ

如果你們已經交往一年，但還有些不可忽視的問題，是怎麼回事？突然間，讀到這裡，妳不確定妳有沒有態度問題，也不知道妳的行爲是否完全具正當性。你們常有爭執，但妳不知道那樣的衝突究竟健不健康。以下是簡單的態度性向（Attitude Aptitude）看看幾個常見的情節，觀察案例中的女子莎拉跟男友比利怎麼處理，說不定有助於釐清一些事。

# Quiz

**1. 莎莉回到家，看見比利的襪子攤在地上。莎莉數不清有多少次，她叫比利撿起襪子。他們交往兩年，看來比利亂丟襪子的習慣沒有改善跡象。莎莉該怎麼辦？**

a. 不發一語地撿起襪子，放進洗衣籃裡。

b. 偷偷將襪子塞到比利的枕頭下。

c. 河東獅吼，因為只要吼一陣子後就會奏效。

d. 用丁烷點燃襪子，朝著正在睡覺的比利丟過去，同時大叫：「接招吧，大兵！」

我們建議b。答案a意味著：「我是個好說話的人。」另一方面，答案b則說明：「也許你不認為有改變的必要，但我認為有。」此外，這種處理方式展現妳的幽默感，等於用最不具威脅性的方式，說明「我是認真的」，同時去除這老掉牙話題的尖銳面。至於答案c跟d就有點過火。如果妳會為了襪子大吼大叫，最好現在就收斂怒氣，否則以後還有更嚴重的事，可以惹妳生氣呢。

**2. 比利接到分手三年的前女友「小公主」來電，顯然她那身為西班牙查理王的父親剝奪她的遺產繼承權，因為她沒能連續贏得第二座諾貝爾文學獎。此外，在她取得哈佛大學商學／法學雙博士的同時，她的名模生涯卻每下愈況。比利問莎莉，如果他到小公主位於四季飯店的豪華套房，給她一小時的心理輔導，莎莉會不會介意。莎莉該怎麼回答？**

a. 「是哦，比利。別忘了帶保險套啊。」（甜美的聲音）

b.「我對這樣的安排不太放心。她可以到這裡來嗎？」（平靜但嚴肅的口吻）

c.「你是頭殼壞去了嗎？」（非常嚴肅的口吻）

d.「叫小公主找別人。你們已經三年沒見面了。」（堅定而嚴肅的口吻）

b或d都可以，端看莎莉對哪種表達方式感到自在。如果莎莉對小公主在他們生活中的角色有那麼一絲絲的不放心，選d比較恰當。比利和多數男人一樣，八成會在這個問題上對莎莉施壓。即使比利宣稱，如果角色對調，比利會讓莎莉去；如果莎莉不喜歡這樣的處境，比利就沒理由赴約。如果莎莉慷慨大方，他們可以請小公主來喝茶吃點心。就這樣。

**3.比利的死黨鮑伯，再過幾個星期就要結婚，鮑伯請伴郎比利籌備在賭城舉辦的單身漢派對。比利欣然答應，但莎莉希望先約法三章。莎莉對比利的拉斯維加斯之行的首要態度，應該是什麼？**

a.「去啊，別忘了新郎不是你。」（不疾不徐）

b.「打算偷腥的時候，打電話給我。」（一把鼻涕、一把眼淚）

c.「我信得過你。好好去玩但也別失態。」（在他背上拍一把）

d.「比利，你請求我同意，其實你心知肚明。當然，你不准去。」（用手指指著他）

你們多半會猜c是正確答案。很好。如果妳擠不出信賴對方的話語，請著手整頓兩人之間的信賴問題。妳父母作過的事，在此對妳也適用：妳高中的時候，父母把妳一人留在家過週末，並表示他們信得過妳。妳的腦袋浮現出妳一直想辦一場世紀派對，卻沒法如願的畫面。我們對我們的同類有信心，幾乎能保證他在享受樂子時，還是會維護你們倆結合的莊嚴性。

**4.比利偶而會在各種社交場合，突然迸出不得體的話來。由於他發表的言論通常不具殺傷力，莎莉也將此視為比利的個人魅力，沒有放在心上。今晚，比利當著莎莉老闆的面，談到他在泰國跟應召女郎相處的愉快經驗，莎莉應該——**

a.放聲大笑，把原因歸咎於比利正在服藥。

b.微笑，等到她跟比利獨處時，態度堅決地譴責他。

c.給他來一記「火砂掌」，然後氣急敗壞地離席。

d.用手指戳戳他的肋骨，試著用有的沒的話題轉移焦點。

c聽起來蠻不錯的，是吧？但因為莎莉是淑女，因此她選擇b。不過，無論莎莉打算如何應對，她都應該私底下執行。一定要告訴他，妳認為他的話並不得體。在不當行為後立刻討論，是避免產生負面情緒並解決問題的最佳策略。

**5.比利跟莎莉正在慶祝交往兩週年。他們的性生活相當頻繁；兩人在比利的住處喝了幾瓶紅酒後，比利表示想來點新玩意。莎莉提議開一瓶一九七八年的金粉黛（Zinfandel），比利卻說，他希望她穿上女學生制服，假裝下課後留校，上幾堂祕密課程。莎莉應該如何回應？**

a. 馬上打電話給媽媽，大聲嚷嚷：「媽，妳說的沒錯，比利真的是變態狂耶！」

b. 面無表情地回答：「是哦，教授，跟以前一樣囉。」

c. 反問道：「比利，你把你那件正式的蘇格蘭裙子收在哪兒啊？」

d. 把擦碗的抹布扔向他，大叫道：「成熟一點吧，比利。如果不正經一點，就等著當獨居老人吧。」

除了任何宗教理由外，此處的正確答案是c。每個男人都會為這類特殊場合，而多保留一件裙子在身邊。

**6. 比利有胃腸脹氣的毛病。他能放出連環屁，莎莉當然有理由感到不快。近來，比利實在太常玩「荷蘭鍋」的把戲了（他在床上放屁，再拉起被單蓋在他和莎莉兩人身上，把屁味悶在裡面）。莎莉打從一開始就覺得這個遊戲無聊透頂（別激動，莎莉）。她已經無計可施，因為她想起老哥，和高中時代的男友布魯托。下次比利再幹這種事的時候，莎莉應該：**

a. 大聲尖叫，直到比利明白是怎麼回事。

b. 跟比利一起笑，然後撥打荷蘭鍋廠商的服務專線

c. 把比利的寵物兔丟到鍋中煮熟。

d. 沈默不語，享受他們共同擁有的特別時光。

如果妳猜答案是a，那妳還真答對了。雖然妳知道我們從不贊成大吼大叫，但在這個案例

中，妳倒可以愛怎麼叫，就怎麼叫。比利有些時候需要調教和糾正，而這就是其中之一。荷蘭鍋是給童話故事的主人翁韓塞爾（Hansel）和葛瑞特（Gretel）玩的，並不適合成熟男女。女性不該被當成（雖然偶一為之還蠻好笑的）。

**7. 褐髮棕膚的莎莉、比利跟兩人的朋友凱利和大衛在一家戶外咖啡店享用美味的早午餐。大夥聊到一半，比利的注意力轉向一位穿著短裙、年輕苗條的金髮妞。莎莉不知道大衛跟凱利是否注意到這種輕率行為，但她還是有點糗。事後，她當面告訴比利：**

a. 「少在那說什麼廢話。鬼才相信你高中就認識她了。」

b. 「你不應該偷瞄別的女人，尤其在我朋友面前。這種舉動既不尊重人，也讓我很難堪。」

c. 「如果她不那麼肥，我就會在意。」

d. 「不管你偷瞄幾個妞，大家還是把你當成同志。」

隨便哪句都行，只要莎莉儘可能保持心平氣和。當然了，這些話必須要在私底下說。

**8. 莎莉和比利參加比利父母舉辦的耶誕晚宴，卻雙雙遲到。比利的母親不欣賞這種拖拖拉拉的行為，但問題還不光是這樣。吃甜點時，對談話內容感到無趣的比利決定爆個料，他宣布莎莉不信上帝，還透露她說過有關耶誕節的傳統根本是偽善。比利的媽於是便問莎莉，打算在哪裡度過餘生，而莎莉對比利竟說出這些事感到有點震驚（並試著保持鎮定），於是回答：**

a.「當然不是跟妳。」（諷刺地）

b.「妳真的信這套東西啊？」（正面迎擊）

c.「嗯，現在我有了比利，就願意敞開心胸聽聽別人的意見。」

d.「瓊斯太太，這事跟您一點關係都沒有。」（生氣地）

c代表莎莉開大門、行大路。如果莎莉選擇的是a、b或d，我們希望在這場交鋒開戰時，弄到看台邊的位置。

雖然我們不希望妳把以上測驗看得太過嚴肅，但我們想說明的是，在每場對話或緊張點上，總是有大路跟小路。不管小煩惱乃至大問題，如何選擇處理方式，將界定妳在周遭人的心目中，是個什麼樣的人。

## 妳塗了多少情緒？

但願，本章列出的建議，不會有太多跟妳目前（或期待變成）的樣子相反。建議妳花點時間檢視妳如何處理兩人的歧見和衝突，並根據結果加以調整。妳的好風度以及處理日常事務的方式，會讓妳男人感受到往後進展會有多順利。把妳的情緒，視爲搞定終身大事的過程中遇到的十字路口；妳可以選擇走崎嶇的路，或是平順的路。

雖然有些男人能包容動不動就哭哭啼啼的女人，但是當女人表現過多情緒、憤怒或眼淚時，有些男人可能是表面冷靜，心裡卻很不滿。有些男人表示，當女人表達比平常多的情緒，哪怕只是多那麼一點，他們也完全不知所措。我們沒叫妳隱藏、壓抑或僞裝情緒，是要妳注意到自己如何運用情緒化妝品。當妳在邁向禮堂的路途中，三不五時照照鏡子，看妳的情緒化妝品是不是塗得太厚，還是濃淡得宜，不失爲一個好點子。

# 6 雪赫拉莎德因子

現代版的雪赫拉莎德深諳如何讓對話一直有「來電」的感覺，也知道做個專注的聆聽者，不僅充分吸引她們的男人，而且讓對方心滿意足。

或許妳熟悉雪赫拉莎德的故事，她是《天方夜譚》的女主角。故事大綱是，阿拉伯國王蘇丹每天都娶一個新王妃，到了翌日破曉時分，他就把對方處死。有一晚，年輕貌美的雪赫拉莎德被帶到蘇丹面前，她對蘇丹說了個錯綜複雜又引人入勝的故事，逗得蘇丹很開心。爲了讓蘇丹保持興致，每次講到精采處，雪赫拉莎德便告退離去，答應第二天晚上再回來。年輕的蘇丹一方面喜歡姑娘的美貌，也想知道故事的結局。當雪赫拉莎德再度造訪，蘇丹發現自己已經無法割捨每晚的身心享樂，於是蘇丹正式迎娶雪赫拉莎德，兩人一同過著幸福快樂的日子。

儘管雪赫拉莎德的故事有各種不同形式，但不變的是，在男女關係中創造神祕感，會讓男人心醉神馳，我們稱爲雪赫拉莎德因子。接下來將告訴妳，如何成功編織一個誘人的網。雪赫拉莎德因子是搞定終身大事的高明戰略，對妳的婚姻也同樣有幫助。

雖然理查當時沒發現，但他跟未來老婆的第一次約會，卻和這個精密的情結有關。健談的理查，是個精力旺盛、博古通今的男人（妳自己去問他），但他覺得交女朋友既無聊又麻煩，因爲他通常得負責讓對話不中斷，基本上就是去取悅眼前的女性。理查經常覺得自己必須爲了客戶而「啓動」，也因此，還得爲約會對象而「啓動」，爲壓力已經很大的生活，平添更多壓力。

理查跟妻子唐娜第一次晚餐約會，就被她的健談和落落大方給吸引。這一次，他的對象「總算」負責講大半的話了。理查對這不同以往的發展十分開心。他感到輕鬆愉快，雙方相談甚歡。突然間，唐娜故事說到一半，卻看著手錶，大聲說：「這麼晚了，明早我得早起呢。下回分解吧？」理查才聽得入神，於是他訂了第二次約會來聽故事的後續。這樣的進展，比起過去跟任何女子交往的時候都還迅速。理查並沒發現，他在下意識中（卻也是心甘情願）中了雪赫拉莎德因子的圈套。唐娜天生具備雪赫拉莎德的直覺，她也一直讓某些事保持神祕，因爲她了解，讓約會對象想要更多，有什麼好處。

以上故事不是叫妳當派對女王、注目焦點，更沒叫妳成爲一流的說故事專家。我們想傳達的訊息是：設法讓妳男人想要更多，具有不可思議的誘惑力、神祕感與性魅惑。一場約會中最精采的部分，很可能是那些沒說出來的；這正是以上故事的重點。此外，神祕氣氛絕不會失去效力；無論妳是第一次約會，或者已經進入求愛階段。

許多女性以爲，第一次約會是約法三章或透露私人訊息的好機會，以爲這麼做能表現自己的開放和誠實。無論理由為何，是受到《百萬富翁喬與盲目約會》之類的電視節目的影響，或是因為有愈來愈多的「非正式約會」等因素，許多人誤以為，第一次約會一定要問的問題，包括「談談你的情史」或「你對哪類女人感興趣？」事實上，這些是最糟糕的破冰工具；不僅老套，也有點現實，比較像在挑選單身漢派對的脫衣女郎，而非第一次約會的浪漫伴侶。

以我們的朋友雪赫拉莎德為例。妳想，她會不會粗魯地問蘇丹：「那，你到底在找什麼？」想知道答案並無可厚非，但不該直接了當地問。如果妳甚至不確定喜不喜歡這個人（妳才剛見到他，怎麼可能確定？），那妳又為何在乎他找什麼？對某些男人來說，這個問題聽起來很飢渴又缺乏安全感，彷彿妳很願意把自己塑造成他在尋找的樣子。提醒自己，如果最初幾次約會進展順利，妳很快就會知道他要什麼。

雪赫拉莎德不會劈頭就談論自己的情史，也不會透露自己的墮胎、雙性戀經驗或家庭問題，相反地，她一心讓自己像個謎。此外，不同於實境約會秀（我們對這種節目上癮）中看到的女性，雪赫拉莎德第一次跟白馬王子約會時，絕不會一頭栽進去，哪怕她第一眼就被對方煞到。

現代神話比較沒那麼厭惡女人，換言之，女性再也不必靠著講故事來保命，但是現代版的雪赫拉莎德可以利用自己的技巧來搞定婚姻大事。繼續往下讀妳就明白了。

## 現代版的雪赫拉莎德：珍妮佛

賴瑞六十五歲左右，是個離了婚的百萬富翁。賴瑞的笑聲宏亮而且具有感染力，來往的朋友多是外向又愛好冒險的人。他體格強壯，黃褐色皮膚，而且還保全部分頭髮（雖然很多毛髮長在背部）。他還沒退休，但是因爲子女已經長大成人，所以擁有自己的時間。不用說也知道，賴瑞頗爲搶手，一直有女性向他示好。有位女士就說：「他很討喜、不是同性戀、還活著，而且身價超過兩千萬美元。所以，他說不定是美國最性感的男人呢。」雖然說這句話顯然表示她沒讀過《時人雜誌》（*People*），但重點是，賴瑞確實炙手可熱。

賴瑞曾經和社交名媛、模特兒和女藝人出遊，但他最後決定跟珍妮佛認眞交往；她四十七歲，是個離過婚的不動產經紀商。珍妮佛單身超過兩年，希望找個能一起旅行、享受生活的老公，也就是能一起變老的伴侶。珍妮佛既非大美女，也不是頂聰明，財力普普，許多方面還挺平庸的；既然如此，不乏女性可挑選的賴瑞，又爲何獨獨青睞珍妮佛？引述賴瑞的話：「她讓我覺得，我是在場唯一的人。」

珍妮佛有個本事，是許多女性所沒有的。她除了低調、專注、風趣又有魅力，最厲害的是，她是很棒的聆聽者。她跟賴瑞交談時，本能地不去挑他的毛病（或任何人的毛病），她不會讓賴瑞陷入她提出的問題或爭議話題（一開始啦），她有魅力卻不低俗，神祕卻不冷漠。她擁有不尋常的能力，讓交談對象感覺自己不僅是在場唯一的人，也是全世界唯一的人。

奇怪的是，珍妮佛在他們第一次約會時竟然遲到。她走向餐館吧台，沒給任何遲到的理由，只是表達歉意，並說道：「蘇說了一些你的好話，但她沒跟我說你的藍眼睛這麼美。是遺傳你媽，還是你爸？」整場約會沒提到前男友，也沒說到第一次嘗試抽大麻的經驗。

那晚的約會快結束時，珍妮佛告訴賴瑞自己第一份工作的趣事。賴瑞問她有沒有其他有趣的故事，珍妮佛說有很多，但這時她看看手錶，說道：「我還得開老遠一段路呢。賴瑞，你介不介意我們週末繼續，或是到我家吃晚飯？」珍妮佛天生就知道什麼時候該讓對方要更多，而賴瑞也就這麼被套牢了。雪赫拉莎德又成功出擊！幾個月後，賴瑞跟珍妮佛仍在認眞交往，珍妮佛跟所有偉大的雪赫拉莎德一樣，暗中發揮迷人的魅力；她依舊用精彩的故事、晚宴、新的興趣和愛好冒險的朋友給賴瑞驚喜。她繼續做他的最佳聽眾。

多數男人在尋找終身伴侶之際，希望只結這麼一次婚就好。現代版的雪赫拉莎德深諳如何讓對話一直有「來電」的感覺，也知道做個專注的聆聽者，不僅充分吸引她們的男人，而且讓對方心滿意足。

## 她搖身變成雪赫拉莎德

想在十五分鐘或更短的時間內，把自己變成雪赫拉莎德嗎？改變並沒有那麼困難，高明的雪赫拉莎德多半不著痕跡，往往是她**沒做的事**才最吸引人。因爲一切都是如此低調，因此推銷妳內在的雪赫拉莎德，比妳想的要容易許多，以下幾點應該是不錯的開始：

1. **找一件明確的事物來讚美**。最深諳此道的，莫過於柯林頓總統。我們認識兩位分別在不同時間見過柯林頓總統的女性，他當時讚美過兩人的耳環。這種作法很能讓人卸除心防。

2. **少即是多**。跟化妝的原則一樣。雪赫拉莎德不會自吹自擂，她讓你自己去發現。

3. **你永遠都在最有意思的那一桌**。每位雪赫拉莎德都有足夠的信心，了解無論自己身在何處、跟誰說話、做什麼事，永遠比別人更有趣，而且絕不會朝某人身後望去，看是否有人比自己更開心。

4.**別分心**。前面提過，單獨跟男人共處時，行動電話等干擾是不尊重人的表現。雪赫拉莎德在見蘇丹前，一定會把行動電話轉成震動。妳也應該這麼做。

5.**深明事理**。務必留意周遭的每件事，尤其是男友的心情。用不同的方式來判斷各種情況，有時光是深情款款地看著他，享受安靜的兩人世界，就是雪赫拉莎德最令人舒坦的舉動了。

## 碎碎唸症候群

這年頭，很多女性一不小心就成爲碎碎唸症候群的患者。碎碎唸症候群最近才大量出現，且在大眾文化上成爲被接受的現象；但這些人卻是因爲被誤導，才使她們的行爲造成別人的痛苦。碎碎唸一族認爲，男女之間的每件事一定要言明在先，並且開誠布公。她們跟雪赫拉莎德相反，等不及把所有祕密和家醜外揚，克制不住地把生活中的大小事情和盤托出，以爲自己的一切作爲是迷人、風趣、討人喜歡，而且誠實。然而，大體而言，懂得保留使妳更加迷人，透露太多反而適得其反。

不知道自己是否犯了碎碎唸的毛病？了解哪些問題可能搞砸婚姻大事，總是件好事。以下用幾個例子來說明碎碎唸症候群，希望在這個毛病被宣布成爲流行病以前，能再多解救幾個靈魂。

## 碎碎唸症候群患者之一：「她這人藏不住話」

芮妮和克雷格認眞交往一年多。雖然他們的感情狀況不算太糟，但也說不上有多好。他們之所以成爲一對，顯然是時機使然，而非眞愛。他們確實有許多共通點：兩人都三十出頭，也都有過失敗婚姻。他們是俊男美女的組合，事業都很成功且腦袋靈光，家世背景不差，對不斷約會感到不耐，想要有小孩。

儘管芮妮和克雷格看似好事將近，但芮妮有個習慣顯然還無法控制（克雷格也不完美，但在此不談他的問題）。只要有人願意聽，芮妮就會叨念自己的經濟狀況（以及過去的羅曼史）。芮妮講到錢時百無禁忌，像是她血拼花多少錢、房子整修要花多少錢、前男友在她身上花多少錢。每次芮妮侃侃而談，一旁的克雷格就會開始如坐針氈，尤其當他發現對方有多不自在。他認爲，這種行爲在許多方面來說都會讓人難堪。倒不是克雷格自己過度在意隱私，他也不會爲了隱藏自己的經濟實力而刻意開破車，但他相信芮妮的財務（和情史）不是供公眾消費的，更何況這麼做會引起旁人反感。

克雷格不止一次讓芮妮知道他的感受，但芮妮認爲就是因爲她的坦誠，所以人們才會欣賞她在參與社交活動和交朋友時，那種不隱藏祕密的作風。芮妮替自己的行爲尋求正當性，自稱是「一本打開的書」，又說這是她人緣好的原因。克雷格則認爲這正是她不該公開自己的財務狀況的原因。

**對治之道** 芮妮和克雷格以及其他和他們狀況相似的情侶，正快速朝向怨恨之途邁進；從他們彼此開始，擴及他們的朋友。除非芮妮也明白自己的行爲讓別人不舒服，否則情況不會改善。芮妮的感受，或許來自她的不安全感；而她的補救方式，就是讓全世界知道她現在有多成功、多迷人，並希望得到眾人的尊敬。但是，她的友人卻經常因爲她的行爲而難堪。

在我們看來，解決辦法很簡單：別大肆宣揚自己的私事。無論是前男友、血拼戰績，或是過去染上的性病，這些事自己知道就好。

## 碎碎唸症候群患者之二：「跟你說喲！」

四十幾歲的艾芙琳，是個來自洛杉磯的MV製作人。她訂過兩次婚，卻都不了了之（艾芙琳，妳快拿到這本書了）。艾芙琳老是把感情失敗歸咎於諸位前男友，但是跟她打過交道後，我們立刻知道她本身有個不算小的問題（跟她交往過的男人，或許有其他的分手理由，但在此採用我們的直覺）。

艾芙琳每回一打開話匣子，就洩漏出碎碎唸症候群患者的第二個信號，通常是以「跟你說喲」的句子開始。有一回，我們親眼目睹艾芙琳和友人展開以旅遊爲主題的對話，對方是一對夫妻，正在敘述兩人最近到布拉格度蜜月的浪漫經過，於是艾芙琳開始吐槽：「跟你們說喲，布拉格是還好啦，不過馬德里才眞叫讚。」艾芙琳接著搬出一拖拉庫的軼聞趣事，包括從旅遊雜誌引述的內容，和她朋友的經驗。對話結束時，誰都看得出來艾芙琳根本沒到過馬德里。

又有一次，在聊到打理造型的技巧時（別問我們怎麼會談到這個），艾芙琳馬上反駁其中一人的建議（不巧，這人是世界知名的造型師），說道：「跟你說喲，根據我個人的經驗，女性偏好剃毛而不是用除毛蠟。剃毛便宜又簡單，而且你不需要千里迢迢去找一些替人除毛的虐待狂——她們大概連除毛工具都不消毒。我不懂爲什麼有人不肯用剃的。這只能說，有些人對整理儀容能有多走火入魔，好像我竟然還需要一位男性造型師，告訴我如何把腿上的毛弄掉。」眞可愛呀——才怪。

如果艾芙琳當時的男友在任何情況下提出自己的意見，她一定會是第一個吐槽的。我們親眼目睹幾位可能成爲老公的人選，因爲艾芙琳那些以「跟你說喲」和「你不知道啦」起頭的冗長敘述，而像個被壓扁的菸蒂似地垮著一張臉。多悶啊。

許多男人喜歡和受過良好教育、言之有物的女性交往，兩位作者就娶了這樣的女人，但是碎碎唸症候群患者不是在講這種人（我們敢發誓，寶貝！）。「跟你說喲」不是表述意見的簡單片語，而是一種生活方式。那是種「高人一等」的心態，以過度激進、苦口婆心和倨傲的態度呈現，無論男女都避之唯恐不及。

既然是生活方式，也難怪這幾種類型的人，經常從同類中尋求慰藉。艾芙琳無論到哪裡都會尋找同類，可惜這些通常集聰明美麗於一身的女性似乎不了解，和她們約會幾次後，男人爲什麼都兩腳抹油、走爲上策。此外，她們經常在你家附近的酒吧聚集，像一群痲瘋病人看到另一個痲瘋病人一樣，又像是一群見不得人好的人，在自己的小圈圈尋找慰藉，因爲別人都受不了他們。

**對治之道**　「跟你說喲」是最難破除的症候群之一，因爲「無所不知者」就像所有打死不改的自戀狂，以爲自己什麼都懂。鬼扯蛋。當作者之一小心翼翼地，向艾芙琳舉出另一位知名碎碎唸患者的例子時（希望她能得到一點啓示），艾芙琳立刻說：「我太了解這種人了。很糟糕，不是嗎？好像她們對自己的所作所爲渾然不覺似的。」說對了。

人爲什麼會變成「跟你說喲」的碎碎唸一族？從兒時創傷乃至自尊的問題都可能是原因所在。我們不是探討原因的專家，但原因其實並不重要，重點在發現自己有這種症候群，而後設法補救。

說到搞定終身大事，分不清談笑自若和喋喋不休的女性只會把好事搞砸。如果人們常常告訴妳：「我們都知道了。不用妳再講一次。」或妳常常試圖把別人講的精采故事比下去，妳就需要好好照鏡子了。良性對話並不是把妳的知識、資訊和意見硬塞到別人喉嚨裡（除非大出版社付錢叫妳這麼做）。所謂對話不是長篇謾罵或獨白；對話起碼要是，**對話**。

## 碎碎唸症候群患者之三：「我眞可憐」

潘妮來自美國中西部，是一名健身教練。她有一副迷死人不償命的身材，臉蛋也過得去。她的外在條件加上親和力，身邊永遠不缺男人。但基於某種原因，她卻無法跟任何一位走進禮堂。

因爲某些理由，男人花了幾個月了解她以後，幾乎是用「抱頭鼠竄」來形容。倒不是說潘妮不親切、不關心或體貼別人。她具備上述特質，更別說有多麼誠懇可靠。所以，到底哪裡出了問題？說來不幸，潘妮還不只是「有一點」掃興呢。

乍看之下，任何人都會同意，潘妮的生活其實沒啥好挑剔的。她忙著從事各種活動，跟一群有趣的姊妹淘保持密切聯繫。但對潘妮來說，這只是半滿的瓶子；和男性交往好像從沒能開花結果，而她獲得的關注，通常來自那些可憐她的人。如果把「一個人不可能又被嫉妒，又被同情」的諺語用在潘妮身上，她顯然一直選擇後者，無論她自己知不知道。

雖然這種行爲，並未對她的女性朋友和某些男人造成太多問題，但潘妮卻是典型的碎碎唸症候群患者。照這麼看來，潘妮就是不懂得如何控制情緒。

儘管男人能理解某種程度的不安全感，甚至可能擁抱那些動不動就哭哭啼啼的女人，但是潘妮一說出：「像你這麼好的人，爲什麼會對我有興趣？」就會讓男人渾身不對勁。有一回，她跟作者之一安排的男生約會了幾次後，對他說：「我知道你一定不會再打電話給我了。」據說，在約會中潘妮花了很多時間告訴對方，她最大客户之一才剛把她給炒了，因爲這位客户覺得潘妮不夠主動積極；而她也擔心再也得不到那樣的客户。

雖然潘妮有幾個嚴肅的基本問題需要專業協助，但我們發現類似的負面行徑還眞無所不在。我們認識的不少女性，認爲臉頰上冒顆痘子就像皮膚癌那麼嚴重（而且不吝與交往對象分享），不然就是把盲目約會當作最好的論壇，開始談起任何一種影響人生的受虐經過，使約會對象陷入某些男性圈裡所謂的「我他媽到底該如何反應啊？」的狀態。

我們認識的許多男性，曾跟某些外表迷人、看似沈穩的女性交往，沒想到在第一次約會時，她們就大肆宣揚一些悲哀不幸、不受重視和暴力的個人故事，有些甚至提到約會強暴，還有人透露自己吃哪些處方藥來治療憂鬱、焦慮和……精神分裂症！除非男方罹患了一定要照顧生病或情緒沮喪女性的罕見疾病，否則通常會在主菜一吃完就拂袖而去，從此銷聲匿跡。

站在男方角度想想吧。他正在約會，想開心一下，卻必須處理棘手的狀況，而且他認爲對方很可能處於具危險性的不平衡狀態。「我眞可憐」症候群也可能在交往後才表現出來；往往是女方爲了在工作、朋友、家人等問題（眞實或經過渲染的）上尋求關注（和憐憫）。想獲得關注原是無可厚非，但不該建立在誇大悲情的基礎上。對潘妮來說，多數男人不願接下這個有關她自尊的慈善專案，實在是太差勁了。

**對治之道** 潘妮肉體的高度魅力，被欠缺自信給削減，更別說是那煩人的告白（例如長期跟飲食失調症奮鬥，這也是她最愛的話題）。除非潘妮花點時間反省她用悲情戲碼把男人嚇跑的習慣，否則她將永遠不會了解，自己幾乎度不過前幾次約會，應該負哪些責任。

如果妳還沒從以上案例發現某種模式，我們說給妳聽：碎碎唸一族經常把問題歸咎他人，因爲她們不停地碎碎唸，以致沒時間反省。

## 碎碎唸症候群患者之四：「力爭上流吧，安妮」

安妮是長春藤名校的商學碩士。好樣的，安妮。她在班上名列前茅；由於她是時尚雜誌的忠實讀者，所以打扮時髦。雖然她並不是最上相的人，但她把頭髮削薄並且弄直，做過很多皮膚治療，並且把牙齒漂到珍珠白的光澤。她多次向我們提起自己的易胖體質；為了避免身材改變而必須買新衣，所以就節制食量，以免支出超過預算。基本上，她把自己的本錢發揮到淋漓盡致，給人充滿魅力且信心十足的整體印象。

我們也應該提一下，安妮來自芝加哥一個中產階級聚居的郊區，但她卻夢想過更優渥的生活。無論用哪個標準衡量，她順利讀完大學和研究所，表現出色，我們深感佩服。她遊走在有錢人的圈子；身邊許多女性朋友若非成功人士，就是嫁給這樣的人，再不就是含著銀湯匙出生。女性朋友擁有的一切，安妮當然也渴望得到。

講到男人啊，安妮只看得上那些注定成為「富比世四百大富豪」的男人。事實上，她曾經跟約會過幾次的醫學院生提分手。對方先向她表白，但後來她發現要投資太多年的時間外加熬夜，對方才有穩定的收入來償還貸款（我們有深喉嚨爆料），於是安妮開始把獵物目標轉向有錢人。加油吧，安妮。問題是，她以為如果直接跟交往對象聲明她要的是有錢人，對方會欣賞這種令人耳目一新的誠實和率直。事實上，對多數男人來說，這麼做只會讓他們興趣全失。

當安妮終於找到適合的約會對象時（事先篩選過賺錢潛力），她覺得有必要了解對方有沒有她所謂的「動力」，而且有能力讓她過她要的生活。她曾向我們表示，她堅信詢問男生未來的目標是相當合理的。雖說這不是很糟的問題（就和工作面談一樣「羅曼蒂克」），但我們和安妮的共同朋友說，她一再強調：「除非男人能給我至少兩克拉鑽戒，否則他最好省省吧。」「事業剛起步的人追不起我。」或「你們絕不會看到我坐國產車。」這就太過火了。

雖說安妮有權去想或說這些事，但她也該花點時間，來反省他人是怎麼看待自己。事實上，她常被當作冷淡無情、膚淺的勢利眼。有些男人或許一開始就很富有，但我們認識的成功男人，卻沒有一個是一開始就成功的。很多人把他們的成功，歸功於背後給予愛和支持的女人（許多我們認識的成功女性，則把成功歸於生命中一直給予支持的男人）。

妳會以爲，安妮上了大學會得到教訓。當時她正在跟自稱「電腦怪客」的史蒂芬交往，他們在一起很開心；安妮喜歡史蒂芬的機智風趣，欣賞他能說多國語言。第三次約會時，他捧了一把雛菊來到她家門前，他們去看了場電影，然後在咖啡館吃甜點。這時安妮問史蒂芬對成功的定義，以及打算如何達成。史蒂芬遲疑一下，試著改變話題，但是安妮不肯。最後史蒂芬說：「我打算做自己喜歡的，希望有所成就。」安妮對史蒂芬直接了當地說，她覺得他們倆對成功的看法並不同。那是他們最後一次約會。當她回到家，看著浴室裡插在花瓶的雛菊，第二天她告訴我們的共同朋友：「當我可以擁有比較有異國情調的東西時，絕對不可能安於只有雛菊的生活。」

妳大概會猜，史蒂芬後來成爲身價不菲的成功網路企業家。妳還眞猜對了，他眞的是賺了不少錢。但是這個經驗沒讓安妮學乖，她還是覺得她那招牌問題是完全恰當的。

**對治之道** 對妳和妳男人抱持偉大夢想是蠻好的，但是在妳努力朝禮堂邁進時，說出妳那膚淺的結婚前提，卻無法幫妳達到目的。我們不會告訴妳，能不能嫁有錢人不重要。對某些女性而言，經濟穩定是首要目標，這點我們可以理解，只是別掛在嘴邊。比較好的方法是，看看他那金飯碗跟存款帳戶以外的事，觀察他的個性、價值觀是否與妳接近。告訴某人妳想要或妳該得到什麼，並不會讓他想把那些東西給妳。

## 重新行銷妳的對話

趁妳還沒以爲本章只提哪些事不該說，先來改變一下話題。以下要談的是妳該怎麼說，這也是很重要的。每個人都有過去、現在和未來（不管多長、多短），如何看待妳生命的這些時段，足以影響別人對妳的認知。

生命中的轉折和變化，使我們變得與眾不同。這些經歷如何包裝則又是另一回事。當妳在談話中提到自己時，何不稍微重新包裝過去、再生現在，並預測有趣的未來？我們稱它爲說法旋轉（speech spin），因爲我們得想個醒目的說法才行。

「說法旋轉」在求愛過程的初期比較有用；這時兩造正在了解對方，一點點資訊都可能代表重大意義，影響一段關係。但是，無論你們已經在一起一段時間，或者才剛開始約會，對透露個人資訊的方式採取細部管理，絕不嫌太晚。換句話說，這不僅攸關妳說什麼，還包括用什麼方式說。「說法旋轉」是成爲現代雪赫拉莎德的另一個關鍵，因爲妳能從最細微之處改變妳想說的事，因而好運上身。

爲了解釋「說法旋轉」的概念，以及如何在日常對話中，重新行銷妳的過去、現在和未來，我們把某些常聽到的說法「再生」，重新措辭以獲得最好的結果。

## 說・法・旋・轉

前：新婚三個月，我先生就跟我最要好的朋友跑了。

後：我很年輕就結婚，結果並不順利。

前：我今天吃午餐的時候巧遇前男友，就和他喝咖啡敘舊。

後：前男友在餐廳看到我，他想跟我聊近況，我關心才怪哩。

前：你跟朋友出去鬼混後回到家，表現得活像三歲小孩。

後：我們獨處的時候，你的舉動讓我春心蕩漾。

前：你到底是在跳舞呢，還是中風發作？

後：我想跟你一起去學交際舞。

前：你要到什麼時候，才肯把這輛老爺車淘汰？

後：你開這輛車的時候，我很擔心你的安全。

前：我在地中海俱樂部曾經試過噁心的三P。

後：如果你是行爲檢點的男生，也許可以參加這種活動讓自己驚喜一下。

**前**：如果沒超過兩克拉，省省吧。

**後**：哇，你看到那邊那個女士的戒指了嗎？老天，她可真幸運。

**前**：我不相信，像你這樣的男生竟然會對外表不起眼又一把年紀的我感興趣。

**後**：我不能說我很訝異你打電話來，但是聽到你的聲音真的很開心。

**前**：你根本不知道自己在說什麼。

**後**：你的論點很有意思，但是我覺得……

**前**：我前男友的「小弟弟」很壯觀。

**後**：我從沒遇到像你這樣的男人。

**前**：你不會還像個窩囊廢似地賴在家裡吧？

**後**：你有室友嗎？

**前**：我只坐頭等艙。

**後**：你有沒有聽過一項研究說，坐經濟艙的人比頭等艙的人更容易得到血栓？

記住：「再生」不代表說謊。妳對他了解愈深，就可以讓他知道愈多細節，但是身為現代版的雪赫拉莎德，別忘了想想妳究竟說什麼、怎麼說。談到說話，多數男人是重質不重量；提出敏感議題時務必斟酌輕重。此外，一定要記住，妳是在約會，不是在進行求職面試。

無論妳從本章學到什麼，試著尋找內心的雪赫拉莎德。跟妳男人在一起時，別小看細心斟酌、保持愉快的心情和耐心聆聽的重要性；這不表示妳男友不接受妳的本來面目，而是謹言慎行使妳更有魅力。過濾妳自己沒什麼不好意思；即使世上最優質的酒，也必須先過濾才可供人品嚐。而我們男人就是喝酒的人，讓妳有被啜飲的機會。

# 7 男人與性

許多男人希望自己的女人是處女，但又天生具備A片女星的本領。

送給處女讀者一句話：根據我們所了解以及在此所能說明的：如果妳把貞操留到結婚的話，未來老公一定會珍惜跟妳在一起的每一刻。所以，直到當新娘以前，妳可以跳過這章，但我們仍然建議妳趁早預習這些事。

現在是對其他女生講的：我們相信妳正在納悶，我們要怎麼把性和男女關係這種主題濃縮進一章裡；更何況別人（例如瑪丹娜）需要一整本書的篇幅，輔以生動圖片。不過，本章討論「性」的目的，是因爲在搞定終身大事時，性生活往往會影響你們的關係。尤其男女對性的態度可能天差地別，而同性之間，不同人的態度也不一樣。既然妳老早知道自己對性的看法，因此我們也無須花任何時間來剖析妳的態度。照以往情形看來，我們在某些話題上大概會冒犯到妳，但想必妳到現在已經習慣了（我們的意見，是多年來在兄弟會、更衣間和單身漢派對累積而成的，所以我們可以相當精確的說，我們知道男人在想些什麼）。

雖然我們的老婆最好是不同意爲妙，但我們謙卑地承認，我們並非此中專家。但是，關於男人對性的態度，我們確實頗有概念。我們將探討在現代的男女關係中，和性相關的各個議題，幫助妳在感情關係進展之際，順利通過這個敏感的主題。把本章內容當作是搞定終身大事的考前猜題吧。

## 男生爲何喜歡「觸電」和「堆積木」

無論自然科學如何解釋化學作用（亦即：性吸引力），我們一點也不在意。我們倆其中一人的理化差點就當掉，但我們了解一個基本事實：妳可能會喜歡跟某人在一起，而那個人也可能跟妳很速配，但是如果雙方都沒興趣跟對方炒飯，那你們很可能會繼續作普通朋友。這股化學作用——足以移動地球的性磁力——終究不脫妳喜歡伴侶身上的氣味、觸感、味道、外貌等。這四種觸覺都包括在內，每一種都應該注意。

我們相信，性吸引力必須內化到一段男女關係之中，浪漫的氣氛才能持久。一旦你們通過了互相吸引的階段，情況可能會複雜起來。妳應該永遠要超越性，看看妳跟他之間還有些什麼。即使你們之間有很強的化學作用，不表示注定要跟對方在一起。

## 性的相容度

光是因為他的「小弟弟」跟妳的「小妹妹」很合，不表示你們在床上必然相容。有時愛侶似乎就是搞不定房事。但是，性生活不美滿，不表示你們的關係注定失敗，而是妳得加把勁。

對舒服的姿勢沒有共識？他喜歡從後面進入和妳在上位，而妳卻喜歡傳教士體位？當兩人彼此相愛，喜歡對方在身邊，而且兩人之間起了很棒的化學作用時，低於平均值的性生活也就不致危及一段穩定的關係。

如果妳覺得跟伴侶的性生活愈來愈不順、乏味、不舒服、彆扭，或者有任何不愉快的感覺，我們的建議是在妳受夠以前拿出來談。別等做到一半，才說有些姿勢會弄痛妳，或者妳還沒準備接受「那種姿勢」。「時機」是良好溝通的因素之一，不該為爭吵而中斷性愛。需要花多少時間就花，要講得多明、多詳細就講。我們的建議，是從妳喜歡什麼、想要什麼作為討論架構，而不是他沒做什麼。在這敏感的對話後，妳說不定會很快發現，你們對於自己做了什麼會格外留意，而不久以後，你們兩個將會像兩隻兔子似的，快樂地嘿咻、嘿咻。

還有一件事：如果妳男人喜歡跟別的女人上床，妳得學會接受（開玩笑的啦，別緊張）。當妳有交往對象時，妳的性生活唯一有理由變差的情況（前提是，維持單一性伴侶），就是當你們相隔兩地，或者家裡有人生病或去世。如果一開始就出現性生活不良，或者伴侶失去魅力或興趣，意味這段關係可能不會有結果。

## 一般公認性生活準則

注意：無論誰說了什麼，這年頭，安全性行爲比什麼都重要。許多HIV／AIDS或性病帶原者也許外表看似健康，甚至不知道自己有病。無論使用保險套或接受檢驗，在享受性生活前一定要有責任感，此外，務必注意，少數人種感染HIV／AIDS的比例，有快速成長的趨勢（根據《紐約時報》所載）。我們之所以提起這件事，是爲了提醒不知道的人，這些病再也不是（而且從來也不是）同性戀或吸毒社群的專利。保護好自己吧。

## 何時做愛做的事

在《花花公子》創刊、性革命和愛之夏*之後半個世紀，這年頭絕大多數人關切的問題，似乎不再是**要不要**從事婚前性行為，而是**何時做**最好。一如妳納悶著該交往多久再考慮結婚，妳或許也曾經問自己，應該等多久才跟他上床，尤其當對方是可能的結婚對象。

關於這問題，我們通常的答案是：等感覺對了，然後再等一會。就像妳跟那位把妳炒魷魚的前老闆說的，生命中有些事是無法挽回的。我們寧可妳不要事後後悔。如果妳發現，抵抗誘惑是難以想像的困難，請記住：如果妳最後眞的嫁給這男人，往後幾年，妳跟他幾乎想不起來，如果不跟對方做愛會是如何。

我們認爲妳該等待的另一個理由是，無論多數男性願不願意承認，他們喜歡滿足性方面的征服慾望。如果妳太輕率就放棄堅持，妳男人會想，不曉得已經被誰捷足先登了。在我們認識的所有男人，以及我們隨機詢問的所有男人中，找不到一位是因爲

---

譯註：一九六七年四月一項緩和人口爆炸問題的活動。

女友想再等個幾星期，甚至一、兩個月再上床，而跟女友分手的。或許妳在中學時代就學到（我們相信），每個女孩都應該被教會一件事：如果他因爲妳不肯棄守而要求分手，那他一開始就配不上妳。當然，確實有些又猛又火辣的豔遇以結婚收場，但本書目標是教妳把搞定終身大事的機率提到最高。

需不需要擔心想上床的男人會威脅？不必。因爲我們知道，如果他們對某個女孩是認眞的，就會暗暗希望她愼選上床對象。雖然貨眞價實的男人可能對著脫衣舞孃流鼻血，但絕大多數不會想跟脫衣舞孃結婚生子。（請注意：如果妳基於好玩而閱讀本書，不是想在這一刻結婚的話，爲了表現男性團結，我們鼓勵妳繼續享受安全的一夜情）。

妳很可能已經跟男友嘿咻過了，妳只想知道如何讓愛持續，使他開心。

## 微妙的平衡

我們無意中在更衣間聽到的對話像這樣：

喬治：嗨，巴伯，你馬子可眞辣呢，老兄。

巴伯：謝了，阿喬。

喬治：她，呃，床上功夫還行嗎？

巴伯：棒呆了。

喬治：有沒有想過她怎麼那麼厲害？

以上交談內容，每天都發生在全美國和世界各地的更衣間，說明許多男人希望自己的女人是處女，但又天生具備A片女星的本領。我們稱之爲**微妙的平衡狀態**，因爲他們希望妳們床上功夫一流，但又不至於爐火純青到讓他懷疑妳是在哪兒受的訓練。保持微妙的平衡狀態，最簡單的方法就是，找出讓男友性致勃勃的方式，而後儘可能滿足他（只要不讓自己不舒服）；換句話說，發現彼此的界線、建立新的界線，但絕不疏遠或忽視妳的伴侶。

儘管男人希望自己的女人能取悅自己，其實他們也想取悅自己的女人。男人對女人過往的經驗多少會感到不安。或許妳不怎麼相信，但妳如果不讓他感覺自己只是眾多和妳共度春宵的男人之一，便能建立他在床上的信心。如果妳比他熟練一點點，或許會抵銷微妙的平衡狀態。

如何達到微妙的平衡，範例之一就是妳初嚐禁果的時候；這種時候妳的表現要好，但又不會太好。愛撫他最自豪的部位，有什麼不好？如果妳男友就像多數男人，想在前數百次嘿咻時達到高潮，總之應該不太難才對。（如果妳發現難度高到令人意外，應該火速到A片出租店，看看能不能在成人影片的盒子上，認出他的臉）。妳應該只有在結婚二十年後，才需要擔心能不能讓他達到高潮。

以下幾個基本規則，幫助妳保持「微妙的平衡」：

1.至少在一開始，避免談論妳的性史；那些往事跟其他人無關，說出來也沒啥好處。

2.願意「嘗試任何事」（不妨讓他以爲那是妳的第一次）。

3.如果男人只能要一樣東西，他們的偏好順序通常是：一、吹喇叭（因爲男生不必出力）；二、性交（他不在意地點以及跟妳的哪個部位。）；三、手上功夫（即使他也沒出任何力，但在偏好度中排名第三，原因是這簡直就是國中生的行徑嘛……好啦，是高中生）。

4.炒飯過程中**別**對他大小聲，除非妳確定他屬於那種喜歡接收指令的稀有男人。當他做了某件事而妳想要更多時，不紡出聲呻吟，他馬上會懂妳的意思。

5.**務必**稱讚他。叫他第一名！但是，不必提到那是一百次中唯一的一次。

6.記住他的名字（包括暱稱）。

7. 如果打算在做愛中途罵髒話，一定要確定他喜歡才行。
8. 建議你們一同拍個A片是可以的，但決不該提議由妳打電話給那個導演過你們倆所有A片的朋友。
9. 如果他要求嘗試新體位，若妳還沒跟他試過，別脫口說妳不喜歡。
10. 如果過去豐富的性經驗讓妳聲名遠播，導致什麼麻煩事纏上妳，記住以下原則：否認、否認、否認。如果跡象顯示妳跟某個事件有關連，不斷否認直到他們要取妳的DNA，然後詢問律師意見。雖然有些人會認爲這是在「說謊」，但我們認爲，除非事情發生在妳跟現任男友交往了一段時間才算數。大學時代與男友在兄弟會究竟發生過什麼，不過是妳性史的一部分；除非其中涉及性病，而我們認爲這跟誰都無關。還記得雪赫拉莎德吧，太誠實的後果往往扼殺或抑制慾望，我們見過這種事。雖然誠實是上策，但我們堅信妳只說妳認爲說出無妨的事。每個經驗或幻想都與他**無關**。

## 愛做愛（至少要喜歡）

老實說，男人最怕的，莫過於知道有天他將被同一個小妹妹綁住，從此度過餘生。我們的確認識幾名男性，因為這個理由而嚇得不敢結婚，所以，如何讓妳男人的過渡期變得容易些？推銷你的小妹妹！不，不是字面的意思。我們是說，讓妳的小妹妹感覺更特別。無論是一點有創意的修剪，或是用最美的性感內褲包裹，總之就是把他弄得心癢癢。然後，當妳發現他喜歡什麼，就讓自己身上有什麼。花點力氣找出讓妳男人開心的那個點，發掘他的性感帶。如果他偏好某種不犯法的方式，妳何不也試著喜愛它？

我們確定他會喜歡的另一件事，而妳說不定也會，就是口交。如果這本書從頭到尾只讓女人了解，男人覺得口交有多爽，那我們已經是對人類做出無價的貢獻了。發明「施比受更有福」的人，當時一定不是在接受口交服務。請多施捨點吧。

如果妳不熱中口交，卻願意放下身段來取悅男人，這對妳跟妳的伴侶都是好事。我們認為，讓伴侶開心、花心思去了解他的身體以及他喜歡怎樣的對待，是最最重要的了。你們兩人都應該讓對方知道，喜歡對方怎麼做，而口交就是最好的方式。換句話說，如果可以，試著克服困難。施即是受。

## 前戲

對女人來說，前戲就像主菜前的美味開胃菜；對男人而言，則像進餐館前的交通阻塞。或許妳已經注意到，男人幾乎任何時候都可以進入這種心情，所以妳或許可以得到結論：男人幾乎不太需要（解讀：不需要）刺激，就可以進入狀況。我們不需要燭光晚餐和鮮花，對我們來說，所謂刺激以視覺經驗爲主。舉例來說，如果我們看到內衣廣告，腦子裡就會想到性。另一方面，許多女人卻需要以交談的方式逐漸被誘導，然後愛撫、親吻、舔舐和撫摸，才有心情做愛做的事。基本上，很多女人要在某些方面與男人合得來，才能做這檔事；更麻煩的是，女人通常必須眞心喜歡上對方才行。

一如妳不了解怎麼有人這麼快就被撩撥，男人也不理解妳們爲什麼不乾脆就讓我們「插進去」。我們的想法是：一進去後，還有什麼好不喜歡的？

我們絕不建議略過前戲，但是請妳記住一件事：對許多男人來說，前戲是滿足男人性需求的過程中很費力的階段；如果妳喜歡也想要前戲，我們建議妳多讚美他在前戲表現多棒，而不是抱怨他沒做到什麼。只要以正向的方式強化，他一定會接收到訊息。相信我們，男人就是要取悅（沒錯，這跟自尊心有關。妳學得還眞快！）。

記得小時候，妳知道只要乖一點，父母就會多寵愛妳一點？妳就是應該用這種精神來處理前戲。此外，讓他知道，就因爲妳喜歡他花時間親吻妳的頸子，所以他待會可以享受特殊待遇。嘿！馴狗師就是用這招！這麼一來達成雙贏：妳的公主幻想獲得滿足，而妳男人還是以爲他是妳城堡中的國王。

## 關於A片

往下說明之前，我們做這樣的假設：

1. 妳男友偶而有看A片的嗜好（妳可以用任何方式定義**偶而**，只要是相對正常而且健康的；而妳也可以用自己的方式定義**相對**和**健康**，只要妳哪天不必被迫向男友定義何謂「起訴」）。
2. 妳沒他那麼喜歡A片。

研究顯示，男人全知道A片。有些研究的結論是，男人愈是看A片，就愈沒興趣跟伴侶做愛。我們聽說過其他研究宣稱，A片是體驗另類狂想的安全、可靠方式。然而，就我們的討論來說，以上論點都不重要。至於，是否有什麼人或什麼地方把A片定義成社會上一種容易上癮的東西或是有害物質，也影響不了這個事實：A片無所不在，從網際網路、鎖碼電視台的「柔性A片」，到當地機場的雜誌架。人們享受這一切A片，說不定跟妳交往的那位就是。當然，我們是指合法的成人A片，不是那些要寄電子郵件到前蘇聯共和國才能取得的變態東西。

男人為何愛看A片？我們已經告訴過你，男人很容易受到視覺暗示的刺激。除了從事性行為以外，有什麼比目擊兩個或多個俊男美女從事性行為更刺激的？我們的答案是——「沒有」。男人喜歡A片，是因為A片讓他們觀賞到各種美麗女人在幻想情境中表演情色絕技，而且（雖然有點恐怖）好像樂在其中的樣子。

如果A片本身或是妳男人對A片的熱中程度讓妳感到困擾，那妳就必須跟男友一起弄清楚，哪種作法讓你們兩個都舒服自在。

**第一題：**讓妳困擾的真正原因是什麼？妳把他對A片的喜好，當成他個人的問題嗎？所有治療師（我們問過幾位）都會告訴妳，幻想不僅正常，也有益健康。試圖控制、拒絕伴侶或妳自己擁有充滿幻想的生活，對妳、對他和對你們的關係終究是有害無益。

**第二題：**A片是否讓妳對你們的性關係缺乏安全感？如果妳知道妳男人念念不忘

片中那個金髮辣妹，當然不表示他想帶她回家見老母，或者帶出門去見老闆。妳對他選了妳要有信心，別忘記這點。男人不會因爲結了婚就「關掉」視覺幻想；夢幻女孩永遠都在，而妳卻是他的夢幻「實境」。

如果妳認爲，他對A片的喜好會使他不愛跟妳做愛做的事，那問題不在A片，而是妳男友。如果他分不清A片的幻想世界跟性關係的眞實性，那你們需要談的，就不只是A片的利弊得失了。遇到類似狀況時，攤開來討論並求助於專業諮商師，是相當好的作法。

**第三題**：妳會因爲A片的內容使妳感到不舒服，因而抗議嗎？妳有崇高的道德感，但妳不是他。好比你們對電影或食物的偏好不同，別期待他總是跟妳抱持相同看法。

我們的意見是，叫男人放棄A片，不會比戒除其他惡習更容易。如果妳眞的介意，確保妳已經備妥令對方啞口無言的論點（不過老實講，沒差啦）。如果妳眞的很反對，找個兩全其美的辦法，例如只要妳在的時候就不看A片。按照原則，心平氣和地討論效果最好；如果讓伴侶不開心或有罪惡感，或者妳提出不合理的最後通牒，對你們的關係或搞定終身大事絕對不利。

光是因爲男友喜歡看A片，不表示妳就得跟著喜歡。但是，妳男人看A片的事實，也許一開始會讓妳心涼個半截，不過也可以從正面的角度去看這件事。沒錯，A片也有可取之處呢！在一般健康的男女關係中，A片不僅不是性的替代品，有時反而有強化效果。某些情況下，如果你男人酷好A片，可能還是件好事呢。理由呢？想想每次當妳沒心情，或者想要得不得了。那麼當大姨媽來，或者妳就是提不起勁呢？如果他到外地出差呢？他對A片的喜好，當然使他不會去想那些對你們感情更不利的事，例如去找另一個（活生生的）女人。所以接下來要講的是……

## 自慰

跟各位分享一些關於自慰的寶貴智慧：

1. 男友的自慰行爲，幾乎不影響你們性生活的健康程度。
2. 即使和另一半感情穩定而且忠誠的男人，也會自慰。
3. 我們知道有些女人八成也會自慰。
4. 自慰是自然又健康的（我們說的！）。
5. 自慰是（幾乎）男女老少皆宜。

6. 自慰是最安全的性行爲！
7. 自慰可能會帶來罪惡感。
8. 自慰是緩解壓力的極佳方式。
9. 自慰有助於妳跟男友的性生活。
10. 自慰可能搞得滿手毛（希望妳聽懂這是說笑）。

妳對自慰的立場往往取決於個人觀點和宗教信仰。妳男友八成還會繼續自慰下去，否則他便是相當稀有的動物（如果他熱中宗教，可能妳也是這樣，那你們在看了本書封面後，早就該放一邊了）。所以，如同我們說的，妳男友極可能是個自慰高手。雖然我們很多朋友不承認會自慰，但是當我們押著他們去做交叉檢驗，運用我們申請專利的黑白臉雙簧，多數人都會老實招認。所以結論是，除了我們應該去找新朋友外，自慰應該受到重視。

照這麼看，妳男友喜歡ＤＩＹ囉？有夠變態！其實，手淫讓男人能用自己喜歡的方式進行私密的性行爲；他想快就快、想慢就慢，不必顧及妳的感受。我們認爲，妳對於他自慰的慾望應該採取開放態度，因爲他反正一定要做。如果妳覺得這沒啥大不了，那妳在扮演那非常棒、爲男友打氣的女生（以及未來老婆）時，又替自己加了一分。

可是，爲什麼咧？他爲什麼不能滿足於你們倆精采的性生活？事實上，自慰不只是能按照他要的方式、在他想要的時候做，還有很多附加好處——這些好處也適用於妳。許多專家相信，自慰的人比較知道怎麼做能讓自己產生性興奮；他們了解自己想被怎麼觸摸、觸摸哪裡。當他們跟伴侶分享這方面的資訊時，會使性關係更圓滿。除了每小時一百五十美元的心理治療外，我們想不到有比自慰更好的認識自己方式。自我實現眞是太有意思了！

又及：根據最近《紐約郵報》的一篇報導，二十到五十歲之間的男人，（在性行爲或自慰過程中）射精愈頻繁，就愈不可能罹患攝護腺癌。這項發現刊載在《美國醫藥學會期刊》中。所以啦，叫妳男友要嘛就自摸一把，否則乾脆撲到妳身上！

## 性幻想／角色扮演

當我們倆其中一人跟老婆的阿嬤說要寫這本書時，她說：「你寫到性的那一章時，一定會寫到性幻想，對吧？」然後她女兒（作者的岳母）插嘴說道：「老媽，妳有什麼性幻想？」這時這位作者不得不趕緊說道：「阿嬤，雖然妳的論點非常讚，但現在我得結束這段對話，否則我會聽到我女兒的曾祖母有哪些性幻想。」畢竟，她可不想她老人家留給後代的，竟然是那種東西。

不過，那段對話確實澄清一件事。人們有性幻想和角色扮演的年代，至少可以回溯到作者老婆的祖母。我們認為，既然這位女性受到良好的教養，那麼幻想和角色扮演，肯定比我們原先以為的要更中規中矩，尤其如果她竟然……願意跟孫女的丈夫談論！當然，阿嬤是個時髦又聰慧的女人，了解性幻想的好處，尤其是在一夫一妻的關係中。

無論性幻想對象是中世紀貴婦／武士，還是啦啦隊長／足球英雄，或者是圖書館員／書呆子，這些角色全都有讓性愛保持新鮮感的功能。談到性，新奇的玩意兒往往比較受歡迎，尤其是「性探索經驗」相當豐富的男人。性存在人的頭腦（理智的性），也存在人的身體；**性感**、**肉慾**和**色情**都是神祕字眼，多少是因為它們建立在幻想上。擁有活躍的幻想生活，對伴侶雙方和男人來說，是保持火熱和高潮迭起的重要因素。

壓抑、控制妳或妳男人的幻想，就像在一個人的夢和渴望上加裝閘門。安於一夫一妻的生活，對男人（和女人）來說通常很不容易，而幻想和角色扮演是一種為你們的生活增加生氣的健康、有趣方式；只要他的幻想不包括白色亮片手套、外科手術的口罩和黑猩猩。

## 有關性的議題

性議題有各種形式和規模，包括各種問題和症狀；從無法達到高潮，以至於對身體抱著不健康的意象。若是對性的想像和性生活整個崩盤，往往讓人難以招架；那些荒謬的理想目標和雜誌文章，乃至電視脫口秀等無止盡的性資訊，只會給人造成困擾。有時太多資訊導致的結果就是：太多餘。

如果這些大量披露的資訊會危及妳的性關係和自信心，妳就必須親自解決（爲此，我們必須假設不管怎樣，你們的關係前景堪慮）。舉例來說，如果妳羞於把自己展現給妳男人，因爲妳覺得自己有輕微的FASSS（Fat Ass Syndrome，大屁股症候群），我們建議妳要嘛就學會愛自己（這是相當性感的事），不然就是做點事把自己變得更好，例如上健身房，或戒掉甜點。如果妳男人突然做不起來，大概不是因爲妳回到十五歲的生龍活虎，而是因爲他丟了工作、親人過世，或者遇到危機。如果是比較嚴重的問題，無論是妳的、他的或者是你們兩個的，尋求專業協助永不嫌遲，尤其如果妳在意妳的男人，正在搶救你們的關係。無論如何，表現出妳支持並了解他，一定會讓妳備受讚賞——說不定有一輩子之久。

打從山頂洞人和狩獵採食的文明以來，男人便對自己高超的性技巧相當自豪。凡是使人洩氣的事，對男女關係可能會造成持久的效應。我們建議大幅提高妳男人的自信，妳的山頂洞人就會走路有風！講到搞定終身大事時，無論如何都要大肆強調「性議題」。一夫一妻的性生活很難忍受；關係不良的一夫一妻，那種性關係更讓人難以忍受。

凡事都可以解決，一同著手解決會讓你們更親密（進而順利成交）。我們幾位朋友可以拍胸脯保證。從他們身上學吧。

## 傑瑞米和莉拉

傑瑞米和莉拉是相當火辣的一對。這對藥品推銷員加造型師的組合，上得了健身雜誌封面。莉拉那玩伴女郎般的體態加上傑瑞米的八塊胸肌，你們會以爲他們在從事那種「看一次多少錢」的勾當。雖然傑瑞米跟莉拉的性生活打從一開始就異常活躍，但傑瑞米在工作上的挫折卻對性生活造成影響。傑瑞米一失業也失去自信，找工作找了三個月，還得靠莉拉的造型師收入養活自己，使他益發抬不起頭來。白天到健身房運動只是讓他覺得自己更像落水狗。他自覺像個小白臉——就是那種不事生產，除了讓女人面子十足外，沒其他用處的那種男人。不用說也知道，憤怒和怨恨的情緒日積月累，於是他們的性生活愈來愈乏善可陳。而他們都不去正面解決問題，使得情況愈來愈難以收拾。

一天晚上，莉拉無意間找到一張傑瑞米意氣風發時拍的照片，幾經思索，她決定採取行動。莉拉深愛傑瑞米，即使他目前遇到問題，她還是打算嫁給他。莉拉籌畫了一個週末來幫傑瑞米找回自信，她認爲這對他的求職會有幫助。莉拉沒有抱怨他對兩人的支出毫無貢獻，也沒提到他們不再出去約會。她做了一頓佳餚，放了滿滿浴缸的熱水，爲他點上蠟燭，取名爲「四十八小時家庭水療週末」。他們整個禮拜六在公寓裡足不出户，享受美食、看電視，幫彼此來個沒有性暗示的放鬆按摩，緊密結合，並聊到傑瑞米如何應付沒有工作的情況。莉拉用言語和行動告訴傑瑞米，無論如何她都會陪在他身邊，她愛他並不是因爲他的事業成就。傑瑞米和莉拉在心靈和肉體又再度結合，他們想起當初在一起的原因。

傑瑞米終於找到工作（酬勞有點縮水），但在莉拉的支持和關心下，他變得更內斂。幾個月後，傑瑞米終於想到一個點子，要比他把薪水拿去付房租更好。他買了一只戒指。

## 性的異想世界

很多男人幻想同時跟兩個女人一起「做」，許多女人公開談論跟同性伴侶進行性實驗。現在有一種新的性開放形式，也許已經偷偷鑽進妳家臥室，但我們必須老實說，把另一位伴侶帶進兩人世界，尤其在搞定終身大事前，會讓情況更複雜。那些正在認眞交往，而且幹過這種事的人表示，有第三者在場，在某些方面破壞了原來那對愛侶的關係。

「性開放」和「玩3P或多P」之間是有差別的。雖然有些愛侶熱中此道，但我們不認爲此種行徑對搞定終身大事或使婚姻穩定，能有什麼好處。許多人認爲，新的感覺（例如嫉妒）使往往已經夠複雜的情感關係變得更複雜，簡直到了讓人難以忍受的地步。

我們的建議是，不要光爲了取悅伴侶，而做任何使妳不舒服的事。如果妳男人強迫妳跟另一個女人做愛（一種典型的男性幻想），請堅守立場，而且一定要建議替代方案，因爲妥協是使兩人的關係健康而持久的關鍵。何不嘗試幾種幻想的角色扮演，替房事加點料？這是滿足他追求變化的另一種辦法。無論妳怎麼決定，謹愼爲之。

## 尊重妳自己跟妳的伴侶（有些事自己知道就好）

閨房和晚餐桌的事，就讓它留在原處吧。和朋友分享相當個人的隱私是沒好處的。不只是使那些有關妳跟妳男人的不當資訊到處散播，這類嚼舌根的行爲將以光速般旅行，而且永遠揮之不去。那些不怎麼熟的泛泛之交，有什麼理由要偷窺妳家臥室？他們有什麼權力，知道妳男友的強項和弱點？畢竟，如果哪天這男人成了妳老公，妳眞的希望全鎭的人都知道他做過陰莖植入，或者必須靠威而剛勃起，哪怕妳這般火辣辣？當然，保守祕密很不容易，因爲很多人迫不及待想知道妳跟妳男友的隱私。或許沒有更好的實境秀，比得上妳跟男友在他們眼前上演活春宮吧。把嘴閉緊一點。

尊重也意謂你們在閨房的隱私下，對待彼此的方式。無論是純做愛、假裝做愛、浪漫地做愛、滑稽地做愛、粗暴地做愛或其他做愛方式，最好能時時爲伴侶著想。如果你們彼此照顧，讓彼此感到舒服並享受彼此的身體，一定會變成更好、更令人愉快的經驗。

## 性愛大敵：壓力

這年頭，商業和社會環境的變遷速度，製造出過度忙碌、壓力過大、性生活不足的愛侶。「當我們分隔兩地，或身在不同時區，要怎麼做愛？」某位行程滿檔的高階主管最近向我們抱怨。我們的建議，老實講，就是無論壓力多大、多疲倦，或者妳多不高興，即使你們已經在一起一陣子，而且認定彼此還能過下去，不把做愛視爲理所當然是非常重要的。只要是對的時機、對的場合，每個人都喜歡做愛；但如果妳老是追求完美，可能反而忽視更必要的親密感。

當妳出差時，設法跟伴侶做愛，即使是用電話做愛（或只是說：「我愛你、我想你」），也比光是分隔兩地好。爲了建立親密感，你們一定要有親密關係；非常時期的性愛，即使差強人意也是OK的，因爲它的重要性不僅在於「做愛」這個有趣且令人愉悅的目的，也是將彼此重新聯結起來，回想當初在一起的原因。

## 關於性的最後叮嚀

枕邊細語、相偎取暖、彼此餵食、分享和開懷大笑，對長遠的幸福關係來說，和性行為本身同樣重要。如果你們的情緒調性相合，對於彼此的優缺點能一笑置之，你們的性生活將更圓滿。誰沒有辦法從那個概念出發呢？我們的感覺是，每對愛侶都有三種性生活，就是妳的、他的，以及你們共有的（實質上就像一個家！）。這三方面都必須全力關注，不過更要把重點放在最後一項。每個人都知道，分享是關懷的終極形式。

# 8

# 「虛張聲勢」的藝術

虛張聲勢是拿回主控權的方式；如此一來，決定你們未來的球，又回到妳的場子。而且妳相當確信少了妳，他會死得很慘。

每一段關係都有關鍵時刻。從他在你們的交往週年紀念日，用峇里島之旅給妳驚喜，乃至他在鞋店對妳的蘿蔔腿做出冒犯評語；最大和最小的事，都可能在任何一段感情，留下持久的影響。但是，這些都比不上當妳已經受夠他的藉口，打定主意求去的那一刻。

妳有沒有回心轉意的打算，正是**虛張聲勢**和**慧劍斬情絲**（參見第九章）的差別所在。如果妳還想要嫁給他，自認承受得住情緒的震盪起伏，以及可能帶來的現實狀況，那我們將指導妳策動一場完美的虛張聲勢（聲明：只要使用得當），對搞定終身大事很有用。

不過，先給個警告：虛張聲勢是一種「最後通牒」的戰術。有些人或許會辯稱，虛張聲勢跟耍心機沒兩樣。如果妳還搞不清楚的話，容我們再說一次：我們堅決反對在男女交往中耍心機。我們對「耍心機」的定義是做作的言行，目的只是爲了激起情緒反應（例如：刻意擺著一封來自舊愛的情書，而寫信人恰好是知名球星）。不過，虛張聲勢就不同了，因爲它是爲了把談判推到緊要關頭：你們要嘛就結婚，不然就「莎喲娜拉」。還有，妳一定要來眞的！這次如果還是老樣子，妳絕不回頭。虛張聲勢是拿回主控權的方式；如此一來，決定你們未來的球，又回到妳的場子。此外，虛張聲勢也意味著：「我是捉摸不定的。」這對多數男人來說，簡直性感到不行。除非：妳正在替他動手術。

以下的事實說來簡單但不好消化：妳之所以還沒定下來，基本上是基於兩個理由之一：可能是他還沒準備好，或者認爲妳不夠理想。如果是他沒準備好，這時虛張聲勢才管用；如果他覺得妳不夠理想，那無論妳做什麼，你們的未來都不被看好。如果妳研判情況屬後者，應該馬上翻到下一章，讀一讀如何慧劍斬情絲（意思是在朋友打算買這本書送給妳以前，就要離他遠遠的）。

如果是前者，他告訴妳他還沒準備好，妳一定要問自己：「我願意這麼等下去，等到他哪天準備好嗎？」如果妳是有骨氣的人，正確答案會是：「去他的咧，門都沒有！」

不管是打撲克牌還是男女交往，虛張聲勢的完美結局就是贏錢。如果在妳虛張聲勢後不久，正要把行李放進計程車時他就找來鎖匠，代表妳的勝算不大。但是，如果虛張聲勢讓他方寸大亂，如果他明白少了妳的生活將多麼無法忍受，妳將因爲執行完美的虛張聲勢而贏得大獎。

但是，妳對任一種結果一定都要有準備，因爲當妳老練地表示妳不會永遠待在他身邊，他很可能會接受妳的條件。我們的經驗是，多數戀愛中的男人，都會夾著尾巴回來。他們成爲本書最想要的目標物之一：有計畫的男人。

## 虛張聲勢爲何有用

虛張聲勢法得以奏效，有很多原因，但最重要的是：當他忙著鼓起勇氣求妳嫁給他，他會變得神經兮兮，以爲妳會這麼一去不回頭。或者更糟的是，妳會跟某個他認識的人上床。請注意，虛張聲勢**並不是**琵琶別抱。事實上，馬上移情別戀，可能會將整件事無謂地複雜化。妳男人應該很快就會回心轉意；果眞如此的話，別讓他心想，一個星期前他暗暗考慮結婚的對象——妳——竟然在夜店跟隨隨便便的人勾搭。那種事會讓男人不爽到使你們永遠分道揚鑣。

此外，虛張聲勢在另一種情況下有用。如果你們的關係最起碼說得上健康和正常，等妳走後，他的生活會嚴重殘缺不全。事實上，以前妳是個愈好的女朋友，妳離開以後他就會愈悽慘。平時跟他鬼混哈拉的朋友，突然間忙了起來。可以跟他一塊到老闆家吃晚餐的可靠女伴，卻怎麼也叫不動。了解他的床上喜好的愛人跑了，他只好重新認識他的左手（或右手）。

最後，虛張聲勢很有用，因爲我們要教妳如何使對方信以爲眞。妳的人生會怎麼樣，幾乎就要看這次出擊會不會成功。這不應該太難，因爲至少妳未來的幸福就看它了。

Quiz

## 他準備好接招了嗎？

妥善的規畫只是完美虛張聲勢的一部分。虛張聲勢就像生活中的多數事情一樣，「時機」才是最重要的。所以，請做以下有關你們感情現況的小測驗，看看現在是不是虛張聲勢的好時機。

1. 你們曾經分手過嗎？
如果答案為「是」，加一分。如果為「否」，請跳到第四題。

2. 任何一次分手的理由，是因為他不願承諾嗎？
如果答案為「是」，加一分。如果為「否」，請跳到第四題。

3. 你們復合以後，情況是否改變？
如果答案為「否」，加一分。

4. 他是否有理由，認為妳是說話不算話的人？（例如，妳是否曾跟他說，妳跟朋友出去，後來他發現，妳是跟同事出軌？）
如果答案為「是」，加一分。

5. 據妳估計，你們的關係是否已經可以把「結婚」作為下一個合理步驟？

如果答案為「否」，加一分。

6. 妳是否向他表達過，妳對你們關係的狀況有什麼看法？

如果答案為「否」，加一分。

這麼說吧：總分愈低，你們倆的關係就愈適合虛張聲勢。如果你們曾多次分手，而情況並沒有任何改變，問問妳自己，為何期待這次會有所改變（或許妳也可以問自己，你們為何還在一起。重讀第一章並開始審慎評估）。至於他相信妳是言行如一的人，重點在如果這次妳說妳已經受夠，而以前妳說這話並不是認真的（他也知道這點），那麼話語在你們的關係中，就沒有太大意義。他也許一直到為時已晚，都還不知道妳對虛張聲勢的態度有多認真。

現在，讓我們探討關於時機的一、兩件事。你們應該交往多久，才可能把虛張聲勢派上用場？簡單來說：無所謂。這是個很主觀的問題，所以不可能讓每個人適用相同的數字，但那不是交往多久並不重要的理由；有些愛侶交往一星期，而後婚姻持續六十年，有些愛侶交往十二年，結果結婚一年便以離婚收場。

如果問十個人，愛侶應該交往多久再論及婚嫁，妳會得到十種答案。那麼，答案究竟是什麼？答案是，問自己一個更好的問題：妳願意再對這段關係投資多少時間，而且是在他不做承諾的情況下？半年？一年？三年？六年？當妳厭倦等待時，代表已經夠久了。正因爲妳很慶幸擁有本書，因此我們大膽假設妳的答案會是「零」。

妳知道自己來到交往轉折點（Dating Inflection Point，簡稱DIP）（就是不得不評估狀況的時候），而且此時在你們的關係中，需要考慮到妳處境的現實面。在此應該稍微用遞減算法；比如說，在十八到二十二歲之間交往四年，等於是在三十六到三十八歲之間交往一年。到三十六歲時，妳應該相當清楚哪些對妳有用。

即使你們從一隻猴子成爲《六人行》（Friends）的第七位卡司以來就一直在約會，不盡然表示你們的關係已經準備進入虛張聲勢的階段。用虛張聲勢的說法，交往時間的長短不代表什麼，重點在妳跟妳男人之間有種深厚、共有的連結，而且妳相當確信少了妳，他會死得很慘。上一句的**相當**，不應該被小覷。如果妳常常錯誤解讀感情關係中的信號，就要讓自己有條理一點。舉例來說，如果妳認爲「是」代表「不是」，可見妳根本不懂得解讀信號。

有個朋友完全誤判虛張聲勢的時機，導致她以爲只消幾個月，男友就會爬著回到她身邊。相反地，才幾天功夫，她的前男友就跟別人認眞交往起來，這種情形只會使情變的打擊更沈重。像這樣，如果男人對這段感情有了不同的想法，那麼妳以爲只是虛張聲勢的暫時分手，或許就成爲永遠的痛。記住，無論哪一種結果，妳都得做好準備才行。我們將幫助妳更有勝算得到妳想要的結果，所以，我們要一步一步來。

## 虛張聲勢前要考慮的事

如果妳在打撲克牌時虛張聲勢，而對手一直都洞悉妳的詭計，這時除了認輸外，實在無計可施。此外，妳大概沒機會贏回他的錢。妳在打撲克牌時是否能成功地虛張聲勢，取決於妳跟對方的交手經驗、他們對自己手中牌面的信心，以及妳哄騙的本領。如果對手弄不清妳究竟是不是有好牌在手，那妳虛張聲勢的成功率就大大提高。換句話說，妳必須讓對手**相信**，妳是認眞的。

如果，你們的感情最近一直有進展，虛張聲勢或許就不是正確之舉。結婚動能有各種形式和規模，但最好的衡量方式是妳過去的經驗。如果他突然開始用「我們有自己的家庭後……」這種句子，或許就不是虛張聲勢的正確時機。相對地，如果他老是不能兌現他的承諾，那他顯然不是有計畫的男人。

另一個關於時機的考慮要點，就是他目前的處境跟意向。他最近被資遣了嗎？他正在爲童年的愛犬喪命而哀悼嗎？在不對的時機離開，可能會讓妳顯得薄倖寡恩，而不是講道義、有信心。最糟的是，這意謂妳是不能同甘共苦的人；如此不僅達不到目標，在妳這番虛張聲勢後，大概再也聽不到他的消息了。

## 開始計時

弄清楚自己的感覺和想望，永遠是相當重要的。這年頭，不想要婚姻和家庭的女人不在少數，但想要的也很多。男人不是讀心專家，所以第一步要確定他明白妳的期望。當妳已經讓他知道，妳是個想被套牢的女孩，這時妳就該對你們的關係訂個時間表。製作驚悚片時，這個程序又叫做「開始計時」，個中概念意味著，如果到了某一點上還不發生某事，就一定會有重大的後果。我們要強調的是，這不等於下最後通牒。最後通牒是激進的，往往使男人有所防備；而虛張聲勢的過程卻是釐清你們的關係後，繼續走下去。當妳眞的開始計時，一定要想出一個對雙方都公平的日期。關於「什麼時候的夠了，是眞的夠了」的等式，並沒有放諸四海皆準的數字。只要自覺已經停留在「愈來愈了解對方」的合理階段，距離那個點就已經不算太遠。

## 布置舞台

打包走人可以清楚表達「老娘要打包走人」，但是，虛張聲勢不是這麼幹的。

虛張聲勢應該從一個正向、有把握的地方出發，是審慎規畫和聰明執行的結果。當妳提出分手的時候，傳遞的訊息是「我愛你，但是既然你還沒有承諾的打算，我們就暫停一下吧。如果不久的未來你想通這一切，準備安定下來，希望到時候我還是單身。」基本上，言下之意是，他必須趁著妳離去時把事情想清楚，決定是否準備好進入下一步。

理論說得夠多了，來談應用面吧。

## 虛張聲勢的檢查表

✔仔細想想你們的關係和交往以來發生的事。寫下他過去食言而肥的例子，或許能幫助妳回想；包括他不遵守時間表，或者始終改不了某些習慣。舉例來說，如果他告訴你，他之所以遲遲沒買戒指，是爲了等到領年終獎金（那年是華爾街的豐收年），而現在已經是四月了。把這件事寫在清單的開頭。我們認識的一位女子，她的男友說要買戒指已經說了一年，在他又一次錯過兌現承諾的機會後，她把虛張聲勢的日子訂在情人節隔天，也就是二月十五日。他無法接受被女友拋棄。幾個月後，等他終於想通，他就是個有計畫的男人了。

我們即將進入你們兩位在虛張聲勢時必須展開的對話，但是請記住，在缺乏特定事例的情形下，要主張自己的意見是很難的。由於多數男人在一時衝動下想不出好例子，所以當他辭窮的時候，妳的論點是難以撼動的。

✔花點時間獨處，想想有哪些風險。小姐，這玩笑可開不得。當妳把虛張聲勢的人、事、時、地、方法都安排妥當，別忘了終極目標：妳已經決定嫁給這男人。虛張聲勢的目的就是要讓他也下定他的決心。

✔有個支持團體協助妳度過前幾週。執行虛張聲勢的那一週，要確定姊妹淘沒有丟下手機，跑到墨西哥參加瑜珈靜修營。畢竟當妳穿著小褲褲、哭得一把鼻涕一把眼淚的時候，會希望有個人陪在身邊（至少我們喜歡這麼想像）。

✔對自己的決定要有信心。當你虛張聲勢時，必須傳達出那樣的信心。你可以花一個星期聽聽名嘴湯尼・羅賓斯（Tony Robbins）的錄音帶，給自己一些如雷貫耳的觀點，但是「虛張聲勢」的關鍵，在於對自己信心十足。這樣的心態，在面對「攤牌」的眞正時刻，會讓妳語氣更堅定。如果妳在和對方對話前沒這種「感覺」，沒把握會進行順利的話，先別拉起引信。去找出自我懷疑的原因。別悶著頭找答案，也要檢視你們的關係。如果妳沒信心，是因爲男友沒給妳那種感覺，妳爲此應該更確信，自己做了正確的事！

✔讓自己光鮮亮麗。「見好就收」傳遞一個訊息：妳自己就是獎品。讓他記得，當妳走出那扇門，妳是多麼光彩奪目。若妳有對熊貓眼，或者工作一整天後一副累壞的樣子時，別在這種時候虛張聲勢。作者之一的老婆提供了一個很棒的祕訣：當妳準備打仗（也就是虛張聲勢）時，要讓自己性感一點。她說：「當他可以被一個塗了大紅口紅的性感辣妹叫住，又何苦看著一個醜老太婆對著他吼，而且知道自己沒啥搞頭？」跟順利把自己嫁掉的前輩學學吧。

現在，閉上眼睛，想像妳希望這場關鍵對話怎麼進行。不必用照後鏡，因爲妳沒有回頭的餘地。

## 對話

前置作業已經完成。妳下定決心。妳布置了舞台。行動的時候到了。來看看五個W吧。

人（Who）就妳跟他而已。絕不在另一個人類靈魂的聽力所及範圍。這次對話中提出的事，可能是極私密且令人臉紅心跳的。把愛犬萊福趕進浴室，手機關掉，確保屋裡沒別人。不應該有讓人分心的東西存在。

地（Where）找個私密處所，讓妳能夠專心的地方（意思是：不是會受侍者干擾或隔桌有耳的餐館，也不是容易分心的車子裡）。妳可以在任何地點做這件事，但我們建議妳在他的地方談（假設他不跟父母住），因爲當一切結束時，妳可以拿著妳的東西離去。比起推他出去，走出他家的門，對妳來說要容易許多，也比較戲劇性。此外，妳的屁股搖擺著彷彿在揮手說再見，此情此景將停留在他腦海好一陣子。

時（When）我們假設妳已經讀過討論「時機」的那一段。如果還沒讀過，先別拿起書來翻。記住，如果他正經歷某個危機，先別使出這絕招。此外，選在某個有特殊意義的日期或重要事件（例如他妹妹的婚禮）的前夕就太冒險，因爲很可能把討論的焦點，從妳離開這段關係的理由，轉移到妳怎麼可以無情得棄他於不顧（他家人會這麼說）。選在家庭聚會之中或之前虛張聲勢，有點像在耍心機；如果妳想要有眞正的結果，就不該這麼做。

事（What） 趕快進入正題。別給他發脾氣或打斷話題。別讓他搞不清妳那「小小的演講」究竟要幹嘛；畢竟最惱人的事，莫過於讀完整篇社論後，卻不了解作者的論點到底是什麼。立刻用妳自己的話告訴他，妳想休息一下。然後告訴他……

原因（Why） 一定要是眞心的。務必使他了解，這是妳經過長考的結果，不是針對他過去某一天的言行，或是妳觀賞八卦雜誌的名人婚禮照片後，一時心血來潮。告訴他，妳一直耐著性子等，但情況進展得不夠快。把所有妳認爲你們應該永遠在一起的理由告訴他，以及妳多希望他在還來得及的時候，重新考慮有關時間的問題。

方法（How）（五W的第六個） 首先，對於他大概不想分手的事實要敏於覺察並充分了解。類似「歡迎到孤單寂寞的棄男谷」這種嘲諷的話是不恰當的。務必保持友善、平靜的氣氛。妳得明白表示，這段關係或許就這麼結束了。事實上，如果妳願意冒險，應該告訴他，妳確定一切已經結束，因爲妳認爲他沒有能力扭轉情勢。聽起來有點像是反向心理學（確實如此），但這類理論已經被視爲有所成效。如果妳還不打算這麼說，那妳就是還沒準備去面對，這段關係或許會「死透透」的事實。

最後的致命一擊，也就是未來幾週會在他腦海裡迴響不去的（除非妳眞的這麼想，否則不能說哦，小姐們！），就是這件事與戒指**無關**。告訴他，妳爲浪費掉的時間而難過，需要一點時間來平息妳所有的怨恨。

## 有關約會的話題

當妳在虛張聲勢時，可能會出現有關約會的話題。他可能會問，妳是不是打算再多看看；或者他可能以爲妳另有盤算，認定這才是妳想分手的眞正動機。無論約會的話題如何被提出，我們認爲，妳的反應應該是：妳目前沒有約會的打算，但如果感覺對了，可能就會去做。如果這對他來說是個敏感話題，代表那是很棒的信號。爲了使他安心起見，妳可以告訴他，妳是因爲正當理由而跟他分手，並且用不置可否的方式說：「我還沒有任何計畫。」妳知道，就是過去一年半他對待妳的方式。

## 步出他家的門

✔跟男友說，妳想安靜一陣子。請他尊重妳的意願——妳也應該這樣尊重自己。一段時間不見面也不通電話，對你們雙方都有好處。當最初的情緒漸漸淡去，兩人的思路會變得更清晰。隨傳隨到無法達到妳所希望的「沒有妳的生活」的效果，更別說我們認識的男人，在類似這樣的分手後，多半鑾擅長用言語讓對方回心轉意。不跟他講話會使妳在抵擋他的言語攻勢時，變得強大有力。

✔別嘗試最後一分鐘打翻醋罈子的戲碼；例如提起其他男人，或者告訴他，現在妳心情好多了。保持正向。

✔不要來個十八相送，更別哭哭啼啼！在這個場面下妳是唯一掌控全局的人。現在不是鬧脾氣的時候，也沒什麼好討論的，是離開的時候了。順帶一提，要演戲就去戲院，不要一邊扶著門把，一邊回頭說：「這次我眞的要離開了，這不是鬧著玩的，我說眞的。我眞的要離開了哦。」妳要記住的只有兩個字：**尊嚴**。明白嗎？

## 接下來幾天／幾週／幾個月

這段時間，妳做的每件事都會影響最後的分數。妳現在的行爲舉止，足以影響虛張聲勢的成果。妳在這種情況下展現的成熟與節制，會是妳眞實個性的表徵。尊重妳自己，給自己一些時間來釐清思緒並舒緩妳的腦袋。在這段時間內，別做出任何重大決定，也別發表談話（例如：因爲事情進展順利使得心情特別好，忍不住告訴同事，妳對這位同事的眞正看法）。現在是反省和療癒的時刻。

如果男友試著與妳聯絡，告訴他，妳至少一個星期不想跟他講話（多數懂得尊重自己的虛張聲勢者表示，一個星期絕對是**最起碼**的限度）。別接他的電話，也別打電話給他。當你們完全同意在這段時間內斷絕聯繫時，就要說到做到。會愈來愈好過的。

除非妳已經準備好了，否則別跟任何人約會。所謂的準備，包括心裡眞的想要並且有辦法處理可能的後果。信賴自己的直覺。如果過了幾天，妳想和一群朋友出去，這無所謂。但是記住，如果他盤算著洗心革面回頭找妳，妳的所作所爲可是被他看在眼裡。

千萬別讓自己當重啓聯絡的那個人。如果妳男友想跟妳保持友誼，而妳也已經準備好，但是對你們各自眞正想從彼此身上得到什麼，一定要自己弄清楚、也讓對方明白。跟男友復合的唯一理由，在於他是不是個有計畫的男人。可以答應他繼續作朋友，但別因此停止追求自己的幸福。如果他在幾週或幾個月內回頭找妳，而妳仍然單身，很好。讓他自個兒擔心他自身行爲的後果吧。

計畫並執行一次轟轟烈烈的虛張聲勢，看樣子需要考慮很多事情。其實，這件事並沒有外表那麼複雜。對我們的朋友卡拉來說，確實沒那麼複雜。

## 卡拉的故事

卡拉是個美麗時髦的女子，生長在美國南方的傳統家庭。她有兩個很保護她的哥哥，她跟爸爸也很親，因爲母親在她十幾歲時就去世了。卡拉到波士頓念大學，一年後搬到亞特蘭大，在一間運動行銷公司慢慢往上爬。她在參加業界活動時認識了大衛，他是專業運動員，也住在亞特蘭大，兩人之間很快燃起愛苗。卡拉對大衛一往情深，他正是她喜歡的那一型，高䠷、黝黑、英俊，還有強健的體格，再加上絕佳的幽默感。

卡拉從兩人一開始交往就知道，大衛花名在外，因爲他是運動明星，又常在外地。儘管卡拉身旁的朋友有些疑慮，但她跟著直覺走，一頭栽進這段感情。至於大衛，他被卡拉的溫順和迷人的微笑傾倒（她有一點梅格‧萊恩〔Mag Ryan〕的味道），也喜歡她在職場和床上洋溢的熱情。他們的專業和私生活就像拼圖般速配。卡拉對運動很有興趣，相關知識豐富，因此兩人永遠不愁沒話說。

就像多數男人的經驗，大衛被朋友跟一些隊友吐槽，他們輪番試圖貶低卡拉並攻擊她，一方面因爲現在大衛比較少跟他們出去混，一方面因爲其中有些人的私生活搞得一團糟。卡拉知道大衛的朋友怎麼看自己（這不算是大衛的妙招）。儘管整件事充滿戲劇性，一年半後，卡拉開始想和大衛定下來共組家庭。有件事情是沒人能指控卡拉的，就是她對自己的計畫和目標相當低調。她盡全力實現自己對結婚生子的期望，甚至到了比正常更高的程度。這或許是因爲母親的早逝，在她生命中留下空缺。儘管她眞心愛大衛，但她不是那種短暫相處後就打算安定下來的女孩。她也有疑慮，因爲她感受到大衛不想成爲朋友當中，第一個脫離光棍幫而被套牢的。

卡拉相當確定，大衛到外地時不會亂來，他總是告訴她有多愛她。她覺得他們已經認眞交往了好一陣子，當地媒體也披露過這樁花邊新聞。每次她一提起訂婚，大衛就給卡拉一個大大的擁抱，告訴她說時間快到了，他想不到有誰能讓他更快樂。這番話讓卡拉開心極了。開心了一下。

十二月的長假期間，卡拉思考著該如何面對自己的處境。她眞心愛大衛也很崇拜他，她覺得他們眞是對璧人。卡拉的哥哥們相當贊同，他們對大衛（和免費門票）相當著迷。卡拉內心浮現一個聲音，那聲音就像她的老奶奶，說她不僅需要採取行動，也不得不如此，才知道她跟大衛是否正在往訂婚的路上邁進。她已經不年輕，即使她沐浴在愛河中。

卡拉前來找作者商量。大衛跟她定好日子要到奧蘭多度假，她覺得如果答應的話，等於讓他以爲自己很好說話。描述完所有令人捏一把冷汗的細節後，卡拉說她已經準備好對大衛下最後通牒。「我們對彼此很了解，相處得也很好，到底還缺什麼？」她問。這個嘛，妳也知道的，我們對最後通牒並不熱中，所以作者就問卡拉幾個困難的問題，主要是，大衛知不知道卡拉對兩人關係的看法，和她想定下來的事。卡拉解釋說，大衛告訴過她，兩人很快就會訂婚，但那幾乎已經是一年前的事了，他們現在仍然只是男女朋友。討論過所有先決條件後，情況很明顯：我們認爲，卡拉和男友的關係已經成熟到足以虛張聲勢。

虛張聲勢不等於耍心機（再說一次），希望大家明白這點。虛張聲勢其實是寧可結束一段關係，因爲妳不能在沒有承諾的情況下虛耗下去。卡拉眞的想和大衛共度餘生，但她也做好最壞打算，現在回頭看故事如何進展……

卡拉約了大衛在他家見面，告訴他說他們在一起的日子真的很美好。正如他所知的，過去幾個月來，她一直期盼承諾。卡拉感覺花一年來認識一個人是再正常不過，但她不打算等更久了。此外，卡拉覺得他們的關係如同他們想要的那麼穩定，她也想趕快組一個家庭。大衛煩惱不已，陷入天人交戰。這個要求對他來說並不意外，但他還是覺得自己沒做好結婚的準備，他的朋友跟隊友會怎麼說呢？

卡拉分析給大衛聽。她愛他，想永遠跟他在一起，但卡拉說她自尊心很強，無法坐著等待某件事情發生或不發生。她建議大衛花一點時間思考，決定到底想怎麼辦。卡拉說她會等他，但不會永遠等下去。沒錯，她有離開的打算，但是控球權還在他的場子。

卡拉離開大衛家後，他打電話給幾個隊上最親近的朋友（不是跟卡拉要過電話的那幾個）尋求建議，他們全都說：「你幹嘛妥協？你才二十八耶，畢竟大海裡的魚還多的是，尤其像你條件這麼好的男人。」（還記得當我們說，女人不見得會給別的女人最好的建議嗎？男人也一樣。）

大衛想了想，最後跟其中一位死黨一起去了奧蘭多。他不想承認（雖然後來他還是承認了）他寧可跟卡拉一起去，於是只好硬撐下去。雖然大衛原本以爲自己會懷念單身生活，但是經過幾星期的派對狂歡，他就不確定了。說眞的，在恢復單身之後三個月，大衛必須承認他過得並不好；他遇到的女孩，沒有一個比得上卡拉。

至於卡拉，則是連續好幾個星期的夜晚哭著睡去，但最終還是勇敢面對，並且開始跟別人來往。隨著時間過去，她很意外自己竟然遇到一、兩位令她有點心動的男士。並沒有迸發像她跟大衛那樣的火花，但她相當樂在其中，願意花時間尋找靈魂伴侶。當然，生孩子對她而言很重要，但是找到對的人成爲孩子的爸，才是最重要的。她甚至邀請其中一位男士以男伴的身份，參加她主持的公關晚會。或許是命運捉弄人，她和新認識的男士一步入會場，就看到大衛正在她視線外盯著她看。她僵了一下，然後別過身子。大衛一見到她轉身（身邊還有位男伴），便立即上前，說他想念她；他之所以會來，因爲他知道她一定會在那裡。火花迸出。大衛不僅領悟到自己多在意卡拉，兩人分開也證明一件事：不管朋友看法如何，他都願意走自己的路。

的確，這是一次相當成功的虛張聲勢。如今卡拉和大衛過著幸福美滿的生活，生了一個寶貝兒子。不幸的是，許多大衛的軍師兼狐朋狗友都還是孤家寡人、四處尋覓。

## 讓虛張聲勢奏效

虛張聲勢如同人生，沒什麼是必然的。即使順利執行了最完善的虛張聲勢，也可能使一段感情畫下句點；但這不盡然是壞事，尤其當這段關係原本恐怕也保不住，白白浪費幾年光陰。這大概是虛張聲勢的最大優點：無論好消息或壞消息，總之能節省時間。當愛侶的其中一方想評估關係現況時（她當然有權知道自己處在怎樣的狀況下），虛張聲勢能強迫兩人這麼做。

最後，虛張聲勢可以是女孩最好的朋友，尤其當妳裝出一副「我倆沒有明天」的樣子時。

# 9 切斷魚餌

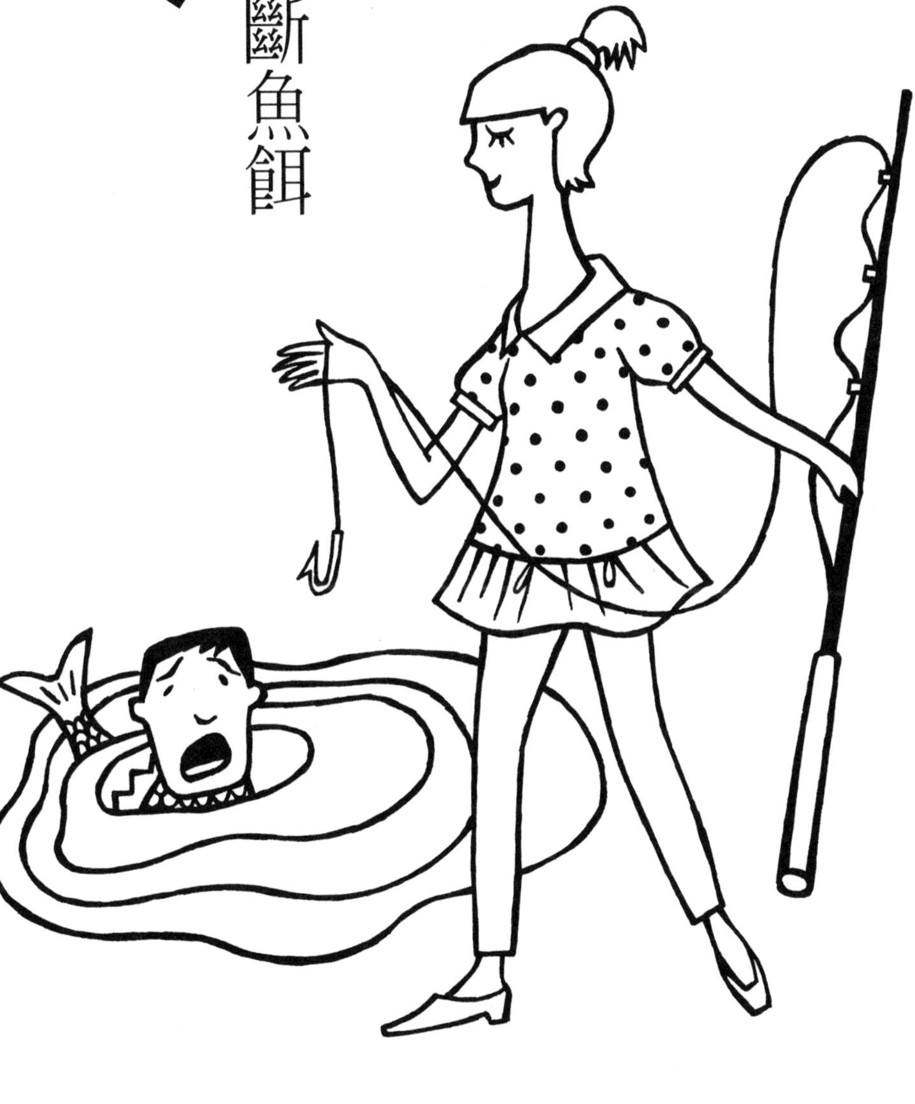

當妳發現那並不是一條大魚時，就取出刀子，把魚餌切斷。然後把釣線扔回水中，希望捕到大魚。

我們都聽過某個版本的都會傳奇，是說一個善良的女孩身兼兩職，把男友送進了醫學院。五年後，就在他的畢業典禮上，他突然宣布愛上班上認識的實習醫生，兩人打算結婚。妳大概以爲這類傳說不會是眞的，但作者之一確實認識這個女孩。

「怎麼會發生這種事？」我們納悶。「她難道看不出蛛絲馬跡？」畢竟，女孩把時間金錢浪費在這個死沒良心的人身上，而現在她又回到五年前的起點——那是個前不著村、後不著店的地方——只不過這次她的自我嚴重受創、銀行戶頭被掏空、額頭也累積了六年份的皺紋。更糟的是，她還得應付周遭的人，他們不停地問：「妳爲什麼花這麼多時間在這段感情上？妳爲什麼沒早一點看清楚？」這些問題既擾人又缺乏同情心，對於在沒有結果的感情關係上備受煎熬的人來說，是相當痛苦的。或許他們這一路走來，內心深處很清楚早該離開了，現在開始責怪自己沒有追隨內心的聲音。所以他們的處境是雪上加霜：結束一段多年感情的痛，再加上知道自己並不是全然無辜。老師有沒有說，我們的一位女性朋友戴了一條小兩號的皮帶，把原本一堆會出現的浪漫豔遇搞砸，結果悔恨不已？有嘛！

對任何一對愛侶來說，切斷魚餌是最後也是最痛苦的一部分。許多人認為，割捨一段多年的感情，就像辦離婚手續一樣困難，也使人生活大亂。但是，該離開就別逗留！別讓自己成為都會傳奇中的主角。

## 走出去時，別被門打到

本章所說的掉頭離去，不同於「虛張聲勢的藝術」，因為現在不期盼他回心轉意。在本章中，離開就是**離開**。永遠。把這個動作想成是介於「把我的電話號碼丟了吧」跟「我向你祭出限制令」兩者之間。這種行為或許看似激烈，但那是因為它原本就很激烈嘛。結束了，吹熄蠟燭，走人吧！

重新界定兩人關係，跟離開是兩回事。把男友晾在一邊，或報名參加電腦擇偶，不表示「咱們永別了」。偷偷摸摸去參加盲目約會，或者跟女性朋友到某個「享樂主義」的度假村，而男友還以為妳是去出差咧，這種也不算。切斷魚餌的意義，就跟它在釣魚運動上代表的意義是一樣的：切斷和想望的對象之間的牽繫；在這案例中，還加上把釣線扔到水中，希望補到一條大魚。

## 自我毀滅前，先自我檢查

最重要的說在前面。在妳做出會永遠徹底改變人生的決定以前，先評估每段感情關係幾乎都會出現的信號。這些信號往往難以察覺，除非妳刻意去找；但一旦妳開始尋找，會納悶當初爲什麼沒有及早發現。原因可能是妳太忙而沒有經常注意，但最可能的是，妳不再能對自己在這段關係的立場保持客觀。既然如此，就找個朋友，用一杯咖啡外加幾許事實，讓他人來評估你們的關係吧。

**交往時間** 再說一次，交往時間的長短並不重要，關鍵在妳還願意給多少時間。但是，我們知道妳非常想要個數字，於是我們就給妳一個。如果妳處在結婚動能的模態下超過一年，而妳也曾經嘗試或考慮過虛張聲勢，但情況卻沒發生任何變化，那妳就應該考慮準備切斷魚餌。另一個很不錯的參考基準是，如果妳找到一張他和女祕書的親密照片，而妳卻一點也不在意，表示妳已經做好切斷魚餌的準備。

**公平遊戲** 思考這些議題時，一定要記住男女有不同的生理和社交時鐘。我們認爲，當男性追求女性時，意味著某種程度的公平遊戲。花掉女生太多時間，又不關心她的需要和慾望（無論是什麼），是大錯特錯的。如果你們論及婚嫁已有一段時間，卻拿不出具體行動，妳八成是在一個沒有終點的旅程上。

**年齡** 年齡是切斷魚餌的因素之一嗎？對男人和女人來說，伴隨年齡而來的，是不同層次的需要和責任。二十幾歲的大學生所承擔的壓力，不同於四十幾歲的職業婦女；舉個例子，後者可能有年邁的父母。由於三十九歲女性的約會轉折點，不同於二十二歲的女性，因此我們針對年過三十的族群，探討年齡的議題。通常，如果妳是二十幾歲，年齡不是切斷魚餌的主因，因爲妳有很多時間重新整隊、從頭來過。但是，年齡可能因爲兩個主要理由而變得重要；首先，妳想有孩子；其次，妳不想單身度過餘生。

如果妳認爲生小孩很重要，而且那是妳的目標，妳已經三十五歲或年紀更大，而交往對象卻絕口不提「結婚」，那麼是否切斷魚餌就是應該嚴肅看待的事。三十七歲生孩子倒還可以，只要妳有把握能懷孕，但不是每個人在那個年紀都能自然受孕。我們認爲，新聞媒體給了婦女太多（錯誤的）希望，因爲它們把重點放在少數一、兩位坐三望四而成功懷孕的名流，卻很少聚焦在絕大多數求子不得的婦女身上。此外，老年得子可能既危險成本又高。當然還有其他選項存在。妳怎麼決定都好，只要有事實根據。

我們所認識的那些成功搞定終身大事的人，深知時間和年齡的價值。而那些在感情關係初期就切斷魚餌的人，在男友顯然不尊重「時間」是一種寶貴且一去不復返的東西時，相當篤定地拂袖而去。作者之一的母親大人曾說：「度日如年，但是度年又像度日。」當妳在名叫「時間百貨公司」裡血拼時，是沒有退費或換貨這回事的。

有位最近成功嫁掉的朋友，在三十幾歲時曾兩度切斷魚餌。她那兩段感情都持續了一段時間（都超過一年半），於是當她一發現再這麼下去不是辦法（她似乎常常吸引到有承諾無力症的男人），便毅然切斷魚餌。她在即將進入四十歲之際步入禮堂，但她說就算沒結婚，能作自己的主人還是讓她比較舒服些。

**恐懼** 妳害怕獨處嗎？妳是否告訴自己，在妳拒絕現任情人之前，最好先認識別人（或者心裡有另一個人選）？來談談恐懼的議題：恐懼獨處、恐懼再也遇不到別人。恐懼可能會永遠持續。當羅斯福總統說：「唯一可怕的，就是恐懼本身。」他所說的不是跟男友分手，但他大概也有過這樣的經驗。事實上，恐懼在一段感情關係中是無足輕重的，尤其在結束關係的時候。如果使妳分不了手的唯一原因，是對未知的恐懼，像是男友離去後如何過日子，那麼妳應該為妳做了對的事，給自己拍拍手。領悟到有必要結束一段關係，是需要很大勇氣的，因此妳對自己的決定要有信心。

別只是因為你們在一起的時間不算短，就貶低自信。只要一陣子後，妳會發現回復單身的心態有多容易。花一些時間重新調整新的社交身分後，我們認識的許多切斷魚餌的女性馬上進入狀況，而且哀悼期只有短短幾週。

再附帶一句，孤家寡人完全不會使妳在男人心目中失去魅力。當然，他們或許一開始會問，像妳這麼好的女孩爲何單身，但多數男人很快就略過這一點。有些女性相信，自己在跟別人交往時，顯得「更有魅力」（或自認在男人眼中條件較佳）；例如「低就者茱莉安」（我們並不認爲非單身的女人一定比較有魅力。而且我們認爲，跟別人交往時還騎驢找馬，會給人一種不可靠的感覺）。

如果妳確信自己爲這段關係付出了一切，直到沒什麼可給，那麼妳眞正該恐懼的不是落單，而是心靈的創傷。如果妳背著情緒的包袱離開，這點是可以理解的，只是請別自己打包這些包袱。

**感情何處去**　想知道自己是不是正前往分手谷？問妳自己：「我現在這段關係，究竟是往前走，還是哪裡都到不了？」只有妳能回答這問題。以下這個圖表，指出妳的正確方向。

| 向前走 | 毫無出路 |
| --- | --- |
| 情人節那天，他買花送妳，寫了非常私密的愛語。 | 妳在情人節當天，得到的只是性病＊。 |
| 他儘快結束出差，回來看妳。 | 他每逢週六都安排業務會議。 |
| 他只是基於義務，而去參加單身漢派對。 | 他常主辦單身漢派對，但是到了妳的生日或度假時，卻宣稱他對辦活動一竅不通。 |
| 他覺得每個人都想釣妳。 | 他把妳的電話給他的朋友，萬一他們從外地過來，感到孤單時可以任意使用。 |
| 他說他能想見妳懷他的孩子。 | 他凝視妳的雙眼，說他討厭小孩，並且正考慮進行輸精管切除術。 |

譯註：性病的縮寫VD，和情人節（Valentine's Day）的縮寫相同。

有時候，判斷你們的關係到底在哪個位置並不容易。基於許多理由，妳沒辦法評估妳的眞實處境。許多男女關係的常見問題是「扭曲」：當妳忽視他近來的行徑和動機時，是否正仔細思量三年前他爲妳做的某件好事？妳對你們關係的看法是否切合實際？強迫自己回答幾個困難問題，妳就知道這段關係究竟是往前走，還是哪裡都到不了。就拿我們的朋友珍妮絲爲例吧。

## 珍妮絲

珍妮絲是個聰慧、迷人的女子，最會幫別人出主意。只不過，她自己的決定卻有點令人費解。五年前，珍妮絲與投資銀行家賽斯邂逅，認定他就是此生最愛。他們在各方面緊密連結，但是她爲何不願意看清楚，賽斯每天帶著友伴出席公開場合，卻從不帶她去？交往幾年後，珍妮絲只和賽斯的父母見過一次面；而且那次是在機場，賽斯的父母臨時要他去接機。賽斯最常用的藉口是，他其實不怎麼喜歡跟父母在一起，他要保護珍妮絲，避免所有的不愉快。珍妮絲信以爲眞了好幾年，但是沒多久就發現，這個宣稱不喜歡跟父母在一起的男人，其實花了相當多時間陪他們，尤其當他原本可以跟她一起過的時候。

珍妮絲一直告訴自己，他們的關係很好。這句話有一半說對了，但珍妮絲從不肯面對一個事實：這是一場地下情，而且完全沒搞頭。他們很多時間都在一塊，而且非常親密，但是珍妮絲感覺不到賽斯想將兩人拉得更近些。此外，珍妮絲一開口討論結婚的事，賽斯就會咆哮，說她把過程中的自然跟浪漫都給破壞了。珍妮絲由衷希望她誤解了這個信號的意義，也希望有結婚動能存在，但不久她就明白，她想要的結果似乎不大可能發生。

當珍妮絲終於把賽斯的說詞跟她的認知之間的差異提出來，賽斯堅稱深愛珍妮絲，又說他們的關係是否往前走，跟他家人毫無關係。珍妮絲把這個爭議點擱置了一下子，甚至試圖跟賽斯及他的父母訂計畫，但賽斯對珍妮絲的努力卻完全不表歡迎。她知道自己該做個艱難的決定了。

珍妮絲從沒弄明白，賽斯到底是不是利用他父母做藉口，但是到最後，她發現這不是重點。她知道該是切斷魚餌的時候了，因爲在他們交往期間，並沒有往前走的動量。當珍妮絲斷定已經受夠，於是她結束這段關係，並強迫自己誠實看清自己在對方生命中到底站在什麼地位。往好處想，珍妮絲說，當時她二十幾歲，所以她對於跟賽斯在一起的每一分鐘，並不感到後悔。當她發現那並不是一條大魚時，就取出刀子，把釣線割斷。

## 該切斷魚餌的其他信號

有些人會問，有哪些更明顯的切斷魚餌信號。有些人則三不五時需要來一記當頭棒喝。觀察家人或朋友的反應是一種方式。和你親近的人，往往會發出一些該做了斷的信號：當你們倆在家庭聚會跳舞時，沙莉姨媽有沒有翻白眼？（沙莉姨媽八成也會在你們的訂婚派對上翻白眼，所以，凡是慣於用言語或臉部表情作出反應的家庭成員或朋友，妳一定要把他們尖酸刻薄的程度列入考量。）觀察那些眞正爲妳著想的人有什麼反應。我們認識一位女子，多年來跟同一個男人分分合合，以致大家都懶得再問她，究竟什麼時候採取下一步。

聽聽親朋好友的意見，別把腦袋埋進沙堆。儘管妳不相信那些「哈」妳男人的辣妹朋友，妳應該從關心妳的人身上，尋找最細微的蛛絲馬跡。聽聽已婚女性朋友或姑嫂嬸姨的意見，因爲她們希望妳也能加入已婚者的行列。

## 如何以及在何處切斷魚餌

本章與虛張聲勢不同的是，妳的外表如何並不重要。事實上，如果妳想打扮得花枝招展，那妳要嘛就是處在虛張聲勢的狀態下，不然妳還在肖想能改變他，而他沒有承諾無力症。這不是說妳離開他的時候，不能把妳的美永遠留在他心中，而是這麼做並沒有那麼必要。如果妳眞想讓外表光鮮亮麗，應該再看一眼妳所站的位置。

這一次，公開分手倒不失爲好主意。如果情況不如預期，給妳自己幾個選擇。如果音量提高了，如果情況比想像中還糟，或是如果他想當眾出醜，妳隨時都可以起身離開。

### 說什麼

要直接。在所有的對話中使用ＰＮＰ，尤其切斷魚餌的時候。ＰＮＰ是「正向—負向—正向（Positive-Negative-Positive）」的縮寫。首先，說些正面的話，例如：「你知道我曾經多愛你，也很珍惜我們在一起的時光。」接著是負面：「但是三年半過去，這段關係顯然還在原地踏步。所以我認爲，我們最好別再見面。」最後用正向方式收場：「顯然分手會相當不容易，我會有一段痛苦的時間。」避開細節。虛張聲勢的時候，妳花時間大致說明哪些地方不對勁，但是切斷魚餌就不同，妳沒必要留給他一些東西去思考。如果妳沒興趣修補這段關係的話，就不值得去改變有毛病的地方。或許妳對KISS這個縮寫字很熟悉，就是「保持簡單，笨蛋」（Keep It Simple, Stupid）。KISS的道理，應該用在「叫男友滾蛋」這種需要謹慎執行的藝術。

## 把鬆脫的綁牢

有時候，和愛人切斷魚餌很痛苦，這是因爲妳也必須同時跟愈來愈親近的對方家人切斷魚餌；也許是寵愛自己的阿姨或叔叔、可親的阿嬤或打著燈籠找不到的父母，更別提那逗人疼愛的小娃兒。儘管離開志明或大雄令妳心碎，但是知道妳將再也看不到他親愛的家庭成員，也是挺讓人難過的。

如何處理這種事呢？如果眞的感到不捨，一張文情並茂的短箋或者打一通傷心的電話，是很不錯的做法。當然，妳絕對不該把他們扯進你們之間的困擾，或慷慨激昂地向他們談論他們的親人，也就是妳的前男友。一句簡單的話：「很遺憾這段關係沒有結果，但我想讓大家知道，認識你們對我的意義有多大。我會想念你們的。」這樣就可以了。

最難處理的狀況，總是和那些正處在發展關鍵期的年輕孩子或青少年有關。或許對他們來說也很難熬，尤其如果妳不是第一位介紹給他們的人，他們會把這次的分手，視爲個人的失敗。此處雙方都要特別注意，確保孩子不把這段關係的失敗，當作是他們的錯。如果你和孩子很親密，一定要跟孩子談一談；根據你們之間的親密程度，妳向孩子保證妳還是他們的朋友，他們可以打電話或寫信給妳，這麼做也是種令人愉快的示好態度。

## 妳切了？大聲說出來！

終於切斷魚餌後，別躲在大石頭後面。現在該把這消息散布給由朋友、同事和親戚組成的支援系統。雖然在當下做這件事很不容易，但是對切斷魚餌經驗老道的人會告訴妳，以清新的姿態出現在市場上，相親時或許最有收穫，請朋友向某位「男友候選人」透露：「她剛和交往三年的男友分手。」這麼做不僅吸引男人，在約會圈裡也很有新聞價值。男人喜歡聽到，妳才剛恢復單身沒多久，尤其他們不必擔心突然碰到妳最近的約會對象之一，因爲妳還沒有跟任何人約會。或許妳會被一群過去的崇拜者簇擁，或是見到剛搬到鎮上的堂妹男友的哥哥。

妳可能不想出遊，但妳一定要知道，無論妳等待多久，也不會變得多容易。太快撕掉OK繃，一開始或許會更痛，但是痛苦並不會持續那麼久。人生在這方面是滑稽的，別以爲我們鼓吹「反彈式的愛情」，但充分利用突然在面前出現的新機會並沒有錯。當前男友在附近的脫衣舞俱樂部狂歡解憂之際，而妳卻忙著製造機會哩。

太多切斷魚餌的人，會懷疑並認爲剛開始那一波波的約會和旁人對妳表現的興趣不能永遠持續。情況也許正是如此。但是，雖然許多人主動幫別人作媒，但是一旦妳的分手成了舊聞，或是他們的同情退潮，就往往不會做同樣的事。實情是，人性往往就像這句格言：「眼不見，心不煩。」管妳喜不喜歡，同情是不可能長時間給予的。

## 切斷魚餌可以用來破冰

當妳運用理智想開了而接受那次反彈的約會時，妳可以馬上讓對方知道，妳才剛切斷魚餌不久。我們從很多女性朋友那兒得知，只要適度加一點料，他會覺得自己是跟贏家在一塊：一個有原則、能夠做決定的人；如果他自己的表現不如理想，總有一天也會被「切」。

向對方透露「如果我今晚有點緊張，要跟你說聲抱歉。我跟某人交往了好一段時間，而這是我分手以來的第一次約會」也是一種方法。別說更多或更少。無論妳做什麼，**別**花整個晚上講舊情人。給點神祕感，想想雪赫拉莎德！別抱怨前男友。別抱怨前男友第二句話不是多印的。我們之所以再說一遍，因爲那是一般人會犯的基本錯誤。請妳開心約會，讓他這個「大魚候選人」因爲和「第一流的切斷魚餌者」在一起，而獲得許多樂趣！

## 我把餌給剪了，現在看看你害我幹了什麼事！

輕鬆點。妳才剛吞下幾粒猛藥，很快就會覺得比較好過。花點時間，評估妳（對，就是妳）在你們的關係中犯了哪些錯，問妳自己爲什麼，並指出這段關係是在什麼時候熄火的，然後在心裡記下答案，承諾絕不重蹈覆轍。妳有權爲了失去男友而哀悼一下子，但妳的哀悼時間，別比兩次剪髮的間隔時間更長。

切斷魚餌並不比將套牢很久的網路股認賠殺出更容易——經過一段感情中許多愉快和不愉快的事以後。妳覺得自己很蠢、憤怒、難過。但，凡事都有光明面！的確，未來幾個星期會很痛苦，但沒人說它輕鬆愉快啊。如果妳主張，一旦對生命做出某種承諾就得堅持到底，那妳會發現在這裡沒什麼不同，妳對結束這段感情的承諾一定要堅持到底。

好消息是，凡事終究是柳暗花明又一村。如果妳保持開放的心，願意冒幾個險，或許會驚訝世事多變。我們兩位親近的朋友，在走出不幸福的關係後，不到四個月就訂婚了。妳不必馬上參加電腦擇偶，也不必急著尋找新嗜好，但即使這麼做也無傷。利用多出來的時間，計畫去從沒想過的地方旅行，重溫妳跟大學室友的友誼。當妳正準備重返一成不變的生活時，就在最想不到的時候，他出現了。不，不是妳的治療師啦，是妳未來的老公。

# 10 搞定跨文化婚姻

如果妳想擁有成功的跨文化婚姻，黃金守則就是「不斷妥協」。妥協？聽起來很簡單，可不是？——直到妳是那個必須開始妥協的人。

地球上的每個人都受到文化的滋養。無論是生長在北卡羅萊納州的山丘，或者在西班牙大草原，妳都是妳生長所在地的文化產物。我們提出跨文化的議題，是因爲不同族裔、宗教、文化的人口遷徙和融合已經蔚爲潮流，不止一位讀者將乘著這股風潮前進。我們知道，如果妳置身於一段跨文化的情感關係中，如何處理文化地雷，將會是搞定終身大事的關鍵。

看看電影《我的希臘婚禮》，女主角出身希臘移民家庭，卻瘋狂愛上背景與她完全不同、來自芝加哥的盎格魯薩克遜白人新教徒（WASP）。表面上看來，兩家人很難共處。這部電影觸動很多人的心，因爲整體來說，每個人都認同這位保有自己文化傳承的平凡女孩，無論她愛上誰。此外，當兩個家庭被送作堆時，隨之引發的全面性和政治性危機（即使這兩家屬於同一個文化背景），幾乎人人都能感同身受。只消把電影片名代換成義大利、愛爾蘭、猶太，或者任何民族或宗教，就能在這部電影中看到自己。

本章將介紹幾位搞定終身大事，而且找到幸福的女性。她們之所以幸福美滿，也正因爲和另一半的差異使然。我們訪談了一些婚姻幸福美滿的跨文化夫妻，他們努力爲邁向禮堂過程中的無數試煉，尋找解答與妥協。我們之所以選擇他們，是因爲他們的例子，對同樣置身在跨文化戀情中的讀者，足可提供借鏡。當然，即使妳並沒有跨文化戀情的經驗，會因爲這些夫妻對彼此的許諾，以及他們白首偕老的祕訣，而獲得啓發。

## 熔爐是個無底洞

不同文化和人際間的藩籬逐漸消失，似乎是勢不可擋且舉世皆然的現象。近來，不同種族淵源的共居和揉合，爲過去所僅見。公立學校、民權和其他因素製造新的世代，他們不僅在年紀輕輕就互相交融，而且整體上來說，漸漸學會接受甚至採用鄰居的文化傳承。妳對各種事物如何認可和接受，相當程度上影響妳決定誰才是如意郎君。

凱薩琳・赫本、史賓賽・屈賽（Spencer Tracy）和薛尼・波特（Sydney Poitier）等人主演的電影《誰來晚餐》，具有畫時代的意義，讓我們看到一個舊金山上流社會家庭，在和女兒的非裔美籍未婚夫及其父母見面當晚，如何處理各個議題。雖然《誰來晚餐》在一九六七年顯得獨樹一幟，但過去四十幾年來情況變動如此劇烈，以致到了現在，人們對不同種族的夫妻再也見怪不怪。只要看看電視影集《慾望城市》中，白種人米蘭達跟黑人里茲博士交往，就可見其一斑。該節目並未特意強調人種差異，媒體也幾乎隻字未提。

然而，當媒體愈來愈「色盲」之際，現實生活的許多家庭，對於和子女有關的文化和宗教議題仍相當敏感，他們提出各種問題和顧慮，像是：即將到來的新成員，會接受還是拒絕我們的文化？以後由誰負責把咱家一流的祖傳義式焗烤食譜傳給後代？孩子如何教養，在哪裡作禮拜？是在教會、猶太會堂、清眞寺，還是佛教寺廟？這些典型而自然產生的問題都有待處理。

我們已經從跨文化戀情的訪談中，了解到哪些會危及你們的關係、哪些有幫助。

## 跨文化戀情的黃金守則

由於兩位作者的婚姻並不屬於跨文化或跨宗教，於是我們儘可能找到各種組合的訪談對象，包括：老／少、黑人／白人、亞洲／猶太、天主教／新教、佛教／穆斯林。雖然我們的研究範圍相當廣，但在此舉出的這幾對，是我們認爲妳可以從中學習的；也就是說，這幾對夫妻因爲克服文化的爭議點，而擁有美滿關係。畢竟，就像我們一直說的，結婚固然重要，而讓婚姻永遠幸福美滿，才是我們眞正追求的。

經過一次次訪談，我們發現同樣的事實不斷浮現：如果妳想擁有成功的跨文化婚姻，黃金守則就是**不斷妥協**。妥協？聽起來很簡單，可不是？——直到妳是那個必須開始妥協的人。妳在任何一段感情關係的每個面相，很可能都得妥協，但是一遇到跨文化聯姻，情勢往往全然不同，且困難度更高。麻煩的是，當某個需要妥協的狀況已經近在眼前，有些人卻幾乎毫無防備。許多愛侶表示深愛另一半，但也承認在邁向禮堂的過程中不僅有地雷，還有些潛在的破壞專家來攪局。以下幾個「我愛妳，但是……」是妳必須應付的。

## 但是……妳可能被迫放棄妳的信仰

露絲和洛可的美滿婚姻至今已經邁向第五十六個年頭。他們的通婚在當時的文化是不被接受的。洛可是虔誠的天主教徒，甚至一度考慮當神父；他向露絲明白表示，如果不用天主教的方式養育子女，兩人就結不成婚。不怎麼遵守猶太習俗的露絲，打定主意對此讓步。另一方面，露絲的父母對於她可能嫁給「外人」，以及孫兒女們可能會接受天主教洗禮，倒是沒有過於激動。露絲和洛可對彼此的愛意與日俱增，兩人同心面對來自父母的非難，也使感情益發堅定。最後，露絲的父母同意參加施洗典禮（但不參加教會禮拜），這下子露絲和洛可總算鬆了一大口氣。

妥協？嗯。放下自我？對。把另一個人放在妳之前？始終如此。我們並不是要鼓動妳委屈求全，或者在妳的信仰上妥協，但是兩人出現差異時，妳要問的第一個問題一定是：「我想要什麼？」不同信仰的爭議點很可能驚天動地且令人不安，往往動搖一段感情的基礎，因此我們認爲妳在拍板定案前，務必和對方討論信仰問題（稍後會再談到這點）。

## 但是……妳必須搬到我的國家

滿英是來自中國大陸的行銷主管，她跟道地的紐約客湯姆訂了婚；當時湯姆在香港的廣告公司工作。滿英有十個兄弟姊妹，她和家人很親近。就在湯姆求婚前後，公司想把他調回紐約辦公室，這時滿英跟湯姆必須做個重大決定。要嘛就是湯姆再找個新工作留在香港，或者繼續跟隨公司的快速步調，接受到紐約的升遷；但如此一來，滿英就得離鄉背井，甚至隻身到異國結婚，因為他們沒辦法在那麼短的時間內回來舉行婚禮。

湯姆跟直屬上司談，後者表示願意在舊金山辦公室提供同樣的職位——如果這麼做對事情有幫助的話。即使湯姆眞正想要的，是搬回紐約跟家人靠近些，但他了解對滿英來說，飛舊金山的航程比較短，能同時抒解雙方的壓力。那是個困難的決定，至今對滿英還是蠻痛苦的。當她搬到美國，必須在雙親缺席的情況下結婚；儘管她有辦法每年飛回家一次，但是對年邁的雙親來說，這樣的短暫停留猶如杯水車薪。不過，這是妥協下的結果，長遠看來對他們倆都是值得的。

雖然表面看來，滿英和露絲「放棄」的東西好像比另一半多，但她們會是第一個告訴妳，美滿婚姻絕對不是分毫不差的五五分配，她們也不認爲憑自己做的妥協，理應要求更多的愛。如果妳跟他還不打算妥協，先別期待搞定終身大事。不久妳會看到，我們介紹給妳的幾對愛侶，就是爲了兩人著想而悟出道理的。

## 宗教：搞砸姻緣的幫凶

宗教應該是力量的來源，也是感情關係的基礎，而不是貯存怨恨或痛苦的深淵。

即使宗教至今在妳的生命，甚至在求愛過程中，並非扮演主要角色，不表示在或近或遠的未來不會變得重要。即使信仰相近的愛侶，若是其中一方比另一方虔誠，往往也得求助於宗教諮商。

儘管古諺有云，信仰相近的人比較容易相處，因爲未來子女的宗教不會產生爭議。這點也許沒錯，但不同信仰的通婚仍然有許多成功案例。

## 向逃避說「不」！

宗教是相當重大的主題，以致即使有非處理不可的相關議題，有些愛侶卻遲遲不討論，因爲這些議題似乎困難到難以面對。不同信仰的通婚愈來愈常見，但是關於儀式和子女的討論，可能引起相當程度的不愉快，因此需要謹愼且及早處理。雖然這年頭不乏一些跨信仰的傳教士，在婚禮上幫大家分組，但是對於你們兩人在典禮過後要往哪裡走，一定要有清楚的概念。

即使妳試圖忽略這項議題，但在某個點上往往迴避不了。我們的一位天主教徒朋友想要個教堂婚禮。她面臨一項任務，就是在婚禮前，讓身爲清教徒的準新郎簽下一份文件，明訂他們未來將以天主教的方式教養子女。另一對愛侶則是找不到猶太教的拉比（rabbi）替兩人主持婚禮，因爲新娘的母親不是猶太人。如果這些懸而未解的問題持續到最後一分鐘，將造成緊張情勢，甚至波及雙方親戚。

愛侶打算用什麼方式把文化傳統融入共同生活，協調不攏的話可能導致家庭失和。雙方家長帶著空洞的眼神和虛僞、僵硬的笑容，好像他們是被帶來開幹的。我們見過幾次這種情形。那些都是値得回憶的婚禮，只不過理由不太對勁。在妳爲人生規畫最重要的一場派對時，一定要及早把許多事情釐清才行。

當跨文化聯姻的日子愈來愈接近，妳應該記住什麼？我們提供一些簡單、樸實的建議，萬一難搞的宗教議題出現時可以使用。無論是大是小，妳在各種層次上都該發揮特別再特別的敏感度。舉例來說，尊重年長或虔誠親戚們的感受和信仰；雖然他們是眞心愛妳，但也可能密切依附某些極端強烈的教義和信條，是妳無法苟同的。

在這些對話過程中，請留意妳的態度和妳從第五章學到的東西。萬一討論變得激烈（很可能會這樣），深呼吸、保持平靜與理性，別造成任何遺憾。

## 用「他們的方式」——加入俱樂部模式

一般來說，信仰不同的愛侶，往往在宗教方面投入程度有所不同。有一種成功的婚姻模式，就是索性「加入俱樂部」。不少成功的愛侶表示，當比較不在意的一方，和對宗教與傳統感受相當深的另一方結合時，宗教議題是最容易解決的；諸如小孩教養或改變信仰等問題茲事體大，在步入禮堂前需要充分討論與教育才行。當妳決定「加入俱樂部」，就要了解妳即將進入的是個怎樣的世界，因爲一旦進去，可就不容易出來！此外，若沒有及早完全解決這問題，可能會營造出令人困惑且混亂的環境，未來恐怕衍生更多問題。

萊爾和瓊安娜的感情很親密。他們在任何一方面都有共通點，唯獨宗教背景例外。雖說瓊安娜不是極端虔誠的人，但她知道如果婚後不用猶太傳統教養孩子，會讓父母和祖父母失望。萊爾「號稱」是個天主教徒，對宗教不甚熱衷，但他決定採取猶太教的婚禮儀式，並依照猶太教的習俗教養孩子，因爲他了解瓊安娜對宗教有著強烈情感。他也喜歡瓊安娜家庭的溫暖。由於萊爾父母住在海外，他知道以後會花較多時間跟妻子的家人在一起。雖然萊爾沒有改信猶太教，但他已經決定順著瓊安娜跟她家人的作法，「照他們的意思做」。

## 雙重國籍模式

不同信仰的愛侶，是否能夠結婚、保有各自的宗教和傳統，並且讓孩子同時接觸兩種宗教？當然可以囉。有許多不同宗教聯姻的成功案例；在他們步入禮堂前，寧可不放棄任何東西，就好比曾經跨越許多邊境和時區的老練旅行家。這些愛侶贊同我們所謂的**雙重國籍**論，他們在兩個國家都可以居住、相愛。他們的婚姻之所以走得下去，在於對不同信仰的容忍、妥協和好奇。這種情形愈來愈常見，而由於跨文化婚姻所生育的子女也會結婚，於是產生數不清的排列組合。不過，我們要提出警告：雙重國籍模式必須在雙向發揮作用：除非愛侶眞正承諾公平分攤責任，否則可能產生積怨；如果雙方眞心認同，結果會相當理想。

我們的朋友克莉絲汀和基斯，就是跨信仰的結合。基斯生來就是猶太人，他最初娶了聖公會教徒並生了兩個女兒，兩個孩子同時接觸基督教和猶太教的文化。離婚後，基斯娶了虔誠的天主教徒克莉絲汀，正當他們的小寶寶即將誕生之際，毫無疑問，彈性和妥協必須成爲感情關係達成平衡的一部分，因爲基斯那兩個青春期的女兒，每隔一週的週末會跟他們同住。

基斯和克莉絲汀具體呈現了雙重國籍的模式。他們兩人都抱著尊重與好奇的心，參加彼此的家庭聚會。基斯向我們解釋說，人眞的是有捨才有得：「爲了實現這種模式，我必須用開放和好奇的態度，到她的教會參加耶誕節活動，一如她也用相同的態度，參加我家的逾越節家宴。如果做不到，就不算是讓配偶和孩子享有雙重國籍。」如果妳希望另一半跨越疆界，一定也要認同他們的習俗；不僅是爲了伴侶，也爲孩子。如果妳願意也做得到「捨」與「得」，那妳就適合在雙重國籍俱樂部擁有會員身分。如果妳認爲，自己對這個觀念到頭來很可能只是光說不練，那妳最後或許落得被驅逐出境的下場。

## 「拿走最好的，把撿剩的留下」

雖然有組織的宗教，在許多健康、幸福的感情關係中扮演某種角色，但也有不少對愛侶創造自己量身打造的信仰。有兩對這樣的愛侶；其一是我們的朋友魯彬斯坦，她一出生就是穆斯林，在《十七歲雜誌》擔任總編輯，老公阿里則是猶太人。另一對組合：電視新聞記者朱蒂是猶太人，老公戴拉・費明納則是傑出的廣告人，信仰天主教。

在這兩個案例中，愛侶對各自的組織性宗教不再抱有期待，於是決定獨立門戶。

他們揀選各自宗教中重要的文化和象徵，彰顯雙方的文化傳統，同時注入自己的道德信念。他們從各自文化與宗教中選擇，目的是「去蕪存菁」。魯彬斯坦和朱蒂分別把他們的成功模式命名爲「魯彬斯坦主義」和「戴拉．費明納主義」。

在這個模式中，對雙方的宗教有公開討論，孩子可以依照意願選擇或參加任一種宗教，重點在於做個善良的人，並尋找一種信仰和價値系統，父母和子女能藉此實現個人理想。雖然孩子不一定很早就接觸到組織性的傳統或宗教儀式，但父母向子女解釋各種文化傳統，而不特別強調宗教儀式。舉例來說，朱蒂教導孩子耶誕假期的意義，因爲她自認應該「善盡職責」。但是，宗教對孩子來說完全可以自由選擇。她的老二選擇進入宗教學校，老大則否。

雖然，「創造專屬自己的」在本章中算是最自由派的模式，但這種作法仍有些無法被忽視的爭議。當然，雙方必須有共識才行得通，或至少「吃那一套」；換言之，所有相關人等都要參與，並相信自己做的事。在這個「去蕪存菁」的模式中，任一方都不打算全盤接受任何特定的組織性架構。雖然對於那些對自己的宗教背景不抱幻想的人或無神論者來說，這個模式似乎是不錯的選項，但一定要注意的是，不應該用在正在修行的人身上。此外，若是某一方沒選擇彰顯或參與他們本來的宗教儀式，或許會引發父母、祖父母或密友的非難。還有，如果配偶的家人不斷希望子女跟「同一國」的結婚，他們可能會有責難，並納悶這麼做會有怎樣的後果。除非雙方親友都跟你們一樣自由派，否則可能會產生緊張狀態。

爲了讓這樣的模式可行，必須適度讓步才能使婚姻幸福、長久。所以，如果妳只是「號稱」天主教徒，即將嫁給一位「號稱」清教徒，而後者想慶祝寬札節（Kwanzaa）*，在耶誕節慶時擺設猶太教的七燈燭台和花圈，或者什麼都不擺，只要雙方都可以接受，這麼做就沒啥關係。只是，別期望老阿嬤會跟你們一樣開放就是了。

總而言之，彰顯妳自己和你們兩人的多樣性是十分美好的，但是要把你們的家人考慮進去，並對你們的決定可能引發的流彈四射，做好心理準備。

來見見幾位女性，她們爲了心愛的男人和期盼的家庭生活，不得不承擔風險並做出妥協。我們認爲，妳可能想獲得第一手資訊，所以接下來是我們針對跨文化婚姻的實例所作的訪談：

譯註：非裔美人的節日。

## 我的希臘婚禮：卡拉和喬治

卡拉是紐約首屈一指的外燴和活動規畫公司的負責人，在公私領域方面都是一絲不苟。卡拉在八年前嫁給喬治，育有兩名子女。

**作者**：身為女人，又是跨文化的婚姻，妳可以提供哪些指導原則，給想要搞定終身大事的女性同胞？

**卡拉**：順其自然吧。別太勉強。

**作者**：妳當初有刻意尋找另一半嗎？

**卡拉**：當然。我知道我想要天長地久的婚姻。我交往過的男孩子，多半是工作認識的。身為外燴和活動企畫，我參加的派對不見得比親自主持的多。由於我一直身在社交圈，所以不乏男性搭訕。不過，沒有一個適合。

**作者**：妳跟老公是怎麼認識的？

**卡拉**：那是一樁夏日羅曼史，結果演變成婚姻。我在米克諾斯的海邊遇到他，當時他帥呆了。

**作者**：算是一見鍾情囉？

**卡拉**：某種程度是。絕對是第一眼就來電。他不太會講英文，但我們心有靈犀。

**作者**：語言曾經是障礙嗎？

**卡拉**：並不盡然。當你跟一個不太會講英文的人在一起時，必須使用最純正的語言。沒有俚語、沒有諷刺。最純正形式的語言，從第一天起就使我們建立穩固的基礎。

**作者**：你們的關係如何進展？跟不同文化的人共組家庭，會不會比較困難？

**卡拉**：一開始是遠距戀愛。我認爲優缺點完全要看你怎麼看。我認爲對我來說，他的希臘血統加上戀家的個性，**眞的**很吸引我。我自己和家人也很親，但他屬於非常老派的那種。

**作者**：後來發生什麼事？

**卡拉**：我蠻幸運的，因爲我是在旅行一開始就認識他！我們相處長達十二天。

**作者**：所以，你們順其自然囉？

**卡拉**：這段戀情蠻有趣的。我沒有任何期待。但我必須說，當我上飛機回美國時，我的雙眼淚汪汪。我是眞的、眞的喜歡上他了。

**作者**：所以，妳遇到這個希臘男子，談了場夏日戀情，接下來怎麼維持呢？

**卡拉**：我們很想念對方，於是以信件和電話聯絡了好幾個月，然後我出了一個點子。我**必須**再見他一次，看我們是不是還對對方有感覺。於是我想：「乾脆到加勒比海算了。」我們一同到牙買加，就這麼搞定了終身大事。我們都知道這代表一輩子。牙買加之行後，我們開始進行他來美國的事。結果就在紐約機場，他竟然拿著一只戒指走下飛機！

**作者**：搞定這次的「美希聯姻」，有哪些挑戰？

**卡拉**：我認爲，爲兩種文化搭橋是相當困難的。舉例來說，一開始他眞的很難接受我的獨立自主。他來這裡的前幾週，實在想不通我爲何想自個兒跟女生朋友出去，這種事會讓他不開心。他父母除了工作的時候，醒著的每一刻都膩在一起。

**作者**：妳如何化解衝突呢？

**卡拉**：我年齡比較大（希臘女孩比較早婚）。我是獨立自主的美國人，這是事實，所以他漸漸明白，那部分的我是沒得選擇的。他學會喜歡異國作風，現在他蠻常跟朋友出遊的……嗯……有點太頻繁了！

**作者**：不好意思，我們必須問：你們是不是辦希臘婚禮？

**卡拉**：沒錯！婚禮在希臘舉行，俯瞰大海。有摔盤子！我的腦袋也被杏仁糖砸到。蠻瘋狂的。當然，在場的美國人只跟著美國DJ的音樂起舞，等希臘樂團進場就坐下休息，希臘人則是只跟希臘樂團起舞，一輪到美國DJ便又坐下。

**作者**：聽起來就像文化衝擊那回事。

**卡拉**：我得忍受一些瘋狂的事！我的伴娘必須信仰希臘正教，我沒得選，直到婚禮那一週才跟她見面。

**作者**：妳沒見過妳的伴娘？

**卡拉**：是啊，她必須是伴郎的女朋友或老婆。而且她還得幫我打點哩！

**作者**：所以這當中有妥協囉？

**卡拉**：嗯。比如說，卡拉這名字沒有希臘文，所以他們用我的中間名「瑪麗」（Mary）再加以衍生，所以整場婚禮都叫我「茉莉」（Marie）。我不懂希臘文，根本不曉得茉莉是誰！不過，我不是在宗教氣氛濃厚的家庭長大的，所以還蠻喜歡到大教堂舉行婚禮。

**作者**：妳認爲，妳在邁入結婚的過程中，因爲你們分別來自不同的文化，所以妳必須比別人做出更多妥協嗎？

**卡拉**：我對一些形式做出妥協，但我最後獲得更多實質的東西。

**作者**：妳認爲，哪些是婚姻美滿的最重要因素？

**卡拉**：開放的態度、誠實、溝通、完全的信心，還有信賴。

**作者**：所以，關於搞定終身大事，妳給讀者哪些建議？

**卡拉**：去米克諾斯！

無論某一項妥協看起來多微不足道，但是對妳的他來說意義重大。保持開放的心胸，接受不同的體驗；除非妳百分百反對，否則別斷然說不。卡拉對喬治家人的作法從不反應過度，她（他也是）從一開始就知道，文化差異造成的誤解在所難免，所以雙方都得保持開闊的胸襟。直到現在，卡拉和喬治每年還得協調，如何把休假分配給在美國和希臘的家人呢。

## 我的黑白配婚禮：愛麗斯和麥爾斯

愛麗斯是聰明、口才便給的女孩，在一家大型廣告公司擔任AE。她來自英國，目前和丈夫麥爾斯及女兒瑪拉住在美國新澤西州。愛麗斯和麥爾斯結縭十三年，感情愈來愈好。愛麗斯是高加索白人，麥爾斯則是非裔美人。

**作者**：在妳成長過程中，婚姻這個概念對妳來說重要嗎？

**愛麗斯**：不，但我確實想找個終身伴侶。我從不幻想穿白紗、舉行盛大婚宴。

**作者**：妳跟麥爾斯是怎麼認識的？

**愛麗斯**：我在國家電影劇院遇見他。當時他剛好跟一位朋友到倫敦，而他的那位朋友，也是我的朋友。

**作者**：算是一見鍾情嗎？

**愛麗斯**：還記得我拍拍他的肩膀，有種觸電的感覺，彷彿有大事要發生。那天晚上，我們在泰晤士河漫步，當時正在放煙火，其中一個鞭炮掉在我們中間。

**作者**：所以是眞的迸出火花囉。

**愛麗斯**：沒錯！

**作者**：然後呢？

**愛麗斯**：他回美國去了。即使他對我並不很了解，但他每個星期都寄東西給我，像是錄音帶啦，紐約的紀念品啦，新聞剪報之類的。一開始我覺得他有點緊迫盯人。這種作風比較美式，不同於我以前的交往經驗。典型的英國風在我看來比較正式。儘管我有點不自在，但是他的作法的確使我更在意他。通信兩個月後，他跟我的朋友說要娶我。

**作者**：在這個階段，妳並不在乎膚色，那種族對妳是個問題嗎？

**愛麗斯**：對我來說，他是美國人才是問題；黑人不是問題。

**作者**：爲什麼？

**愛麗斯**：講眞的，他的膚色在美國的問題比在英國來的大。我們在美國的時候，我覺得大家都盯著我們看。當我介紹麥爾斯給大家的時候，他們似乎嚇了一跳。美國的種族聯姻似乎比較少，在倫敦卻是家常便飯。

**作者**：所以，你們什麼時候決定互定終身？

**愛麗斯**：我們認識三個月後，我來美國度假。一開始我以爲只是短暫的戀曲，後來經過一連串狀況，我終於在紐約找到工作。我來了，弄到一間公寓，但只在那裡待了一個晚上。

**作者**：從一開始就很明顯嗎？

**愛麗斯**：嗯。我覺得我好像已經認識他一輩子似的，或許甚至上輩子就認識了。他也做了些令人感到不可思議的事，在我去面試前，他打電話到我即將應徵的廣告公司，假扮成潛在客戶，把他們的底細摸得一清二楚，好讓我有備而去。後來面試當然進行得很順利，部分要歸功於他。

**作者**：你們怎麼把婚事喬好的？

**愛麗斯**：我在這裡工作，跟他同居了三、四個月。他在準備律師考試期間承受莫大壓力，這點可以理解，但我感覺他似乎對我失去興趣。於是我決定挑明了講，大致是這麼說的：「如果你沒興趣的話，只要一句話我就離開。」我當晚就可以搬出去，因爲我還保留那間公寓。

**作者**：聰明的女孩！

**愛麗斯**：我一直認為，女孩應該保持開放的選項。

**作者**：他怎麼說？

**愛麗斯**：他很難過，馬上跟我道歉。他說他正承受很大的壓力，這點我知道，但我希望我們的關係往前走。結果兩個月後就有消息了。

**作者**：在敲定這場種族聯姻的時候，出現過任何爭議點嗎？

**愛麗斯**：老實說，有的。我們對此並沒有任何問題，但我們雙方的家人都有意見。我父親老是說：「不管妳做什麼啦，總之別嫁給美國人就是了。」結果我竟然帶了個美國黑人回家！我想他們應該沒料到會是黑人。麥爾斯的雙親對於他和白種女性交往也有異議。

**作者**：很棘手嗎？

**愛麗斯**：非常棘手。我宣布這消息時，我媽在電話那頭當場崩潰。她擔心我父親會說什麼，於是開始心悸。她去看醫生，醫生問她哪裡不舒服，後來醫生說：「我能治療很多病，但我沒有治療**種族主義**的藥！」她回到家時激動萬分，只丟給我爸一句話：「如果你不喜歡，那我搬出去。」總之是高潮迭起。

**作者**：妳爸怎麼說？

**愛麗斯**：他倒是沒多說什麼。他只是遵照英國傳統，出門喝得酩酊大醉。最後，我爸媽說：「如果妳愛他，我們相信這傢伙一定很了不起。」他們相信如果我愛上誰，那個人一定是對的人選。他們上演一齣大戲，但一切僅止於此。

**作者**：他父母呢？

**愛麗斯**：基本上他們的反應也差不多。

**作者**：你們的宗教信仰是什麼？

**愛麗斯**：我是天主教徒，他是主教制信奉者。

**作者**：你們如何教養瑪拉？

**愛麗斯**：用天主教的方式。因爲我比麥爾斯還在意。我的理論是，如果那個宗教是你相信的，就用它來教養孩子。

**作者**：你們家的現況如何？

**愛麗斯**：很幸福。我和公婆處得來。雖然他們很支持，但我確信他們希望自己的兒子當初是娶黑人老婆，但我們兩家仍然相處得很融洽。

**作者**：要給讀者任何忠告嗎？

**愛麗斯**：身在這種處境下，一定要了解自己所做的不盡然是個容易的選擇。種族對某些人是難以克服的，且可能使你所愛的人痛苦。這對我來說是最困難的一部分；尤其是了解到即使我父母支持我，但一開始我還是使他們很煎熬。那眞是沈重的負擔。孩子又是額外待處理的問題。所以，妳確實會質疑這人是否眞的適合妳。但是，因爲有某種程度的不順遂，我們也更認眞看待我們對彼此的愛和這段關係。到頭來，整件事確實會讓人更堅強、更有韌性。

**作者**：談談妳女兒，你們雙方的家庭如何對待她。

**愛麗斯**：瑪拉五歲了。她很受爺爺奶奶、外公外婆的寵愛。她的確經常提起自己介於兩種膚色之間，我們也常常告訴她說她有多美麗。她和我們一樣，認爲她的膚色很特別。她很早就學著要接受文化差異。

**作者**：告訴我們，妳這一路走來學到了什麼。

**愛麗斯**：好多、好多。有些女人在腦海裡設定某些標準，像是「他做哪一行？」「他身高多高？」「他收入多少？」我認爲，妳應該接受所有的可能性。如果妳照著標準走，選項就會受限。先找人，別看他的履歷表。我想跟大家分享一句話：「單身很棒，結婚更好。」做妳自己。一旦想在對方身上尋找自己時，問題就來了。

**作者**：最後的想法？

**愛麗斯**：現在的女人要獨立自主多了，別爲結婚而結婚。要爲好的緣分而結！

雖然愛麗斯和麥爾斯結婚的過程很順利，但不見得每個人都這麼如意。妳必須認知雙方的歧異，而其他人（包括妳家人在內），看到的狀況可能跟妳不同。討論現實面可能令人不自在，尤其是攸關妳的愛情；承認妳愛的人不支持妳的選擇，會很不好過。總的來說，這將令妳覺悟（或看得更清楚），怎麼做對你們比較好。應付家人的時候，只要記住我們教妳的，如何處理妳的態度。

## 我的猶太婚禮

凱琳是個豔光四射、聰慧過人的比利時籍金髮藝術家，最近才步入禮堂。在嫁給交往多時的同居男友艾倫以前，凱琳經過一次正統猶太教的改信儀式（在猶太社群內，宗教支派包括最不謹守傳統的改革派、到謹守傳統的保守派，乃至最謹守傳統的正統派）。

**作者**：妳來自歐洲，明確地說是比利時？

**凱琳**：是的，特別要提到我來自比利時。我們很重視言行舉止。

**作者**：妳是怎麼認識艾倫的？

**凱琳**：我二十歲的時候，跟母親和妹妹搬到紐澤西。我到時尚設計學院進修，母親工作時我就照顧妹妹。我很內向，安於單身生活。我眞的很自閉。我忙著學業，完全沒想要交男朋友。

**作者**：然後呢？

**凱琳**：艾倫的朋友在跟我朋友交往，當這位朋友見到我時，他認爲艾倫會喜歡我。不過，當時我不願意參加二對二約會，所以艾倫爲了說服我，就寄了一封附照片的信給我。

**作者**：於是妳就跟他出去？

**凱琳**：沒有。我蠻高興的，也覺得他很帥，不過當時我太害羞。有一天一位朋友說：「乾脆把那張照片丟了唄，反正妳永遠不會打電話給他。」然後我就打電話了。我不喜歡接受指令。艾倫拿起話筒說：「我等好久了。」

**作者**：妳對艾倫是猶太人，有什麼看法？

**凱琳**：猶太人對我來說從來不陌生。我在比利時生長，母親的許多朋友都是猶太人。基於某種理由，猶太人還蠻吸引我的，他們的機智與魅力。

**作者**：他家對妳不是猶太人有任何意見嗎？

**凱琳**：有。艾倫有很明確的猶太淵源。他父親是大屠殺的倖存者，曾經被關在集中營。艾倫是在「我們是倖存的猶太人」心態下成長的。

**作者**：他對於艾倫跟妳交往怎麼反應？

**凱琳**：他父親不希望艾倫跟我交往。就算我改信猶太教也沒用。

**作者**：你們生氣嗎？

**凱琳**：沒有。那是他的感受。這是很極端的案例。他父親當年眼睜睜看著家人在集中營被屠殺。我對他完全沒意見，對他沒有敵意。畢竟他受過如此殘暴的虐待！我無法想像如果我是他會怎樣。

**作者**：妳的家人對艾倫父親的反對，怎麼反應？

**凱琳**：我母親替我難過。她說：「他們怎麼敢嫌棄妳。」我們在情感上的反應是不同的。

**作者**：所以，以文化傳統來說，你們倆沒辦法結合囉？

**凱琳**：嗯。除非是來暗的，例如私奔之類的。我拒絕了，因爲沒必要。我認爲只要兩人在一起，擁有彼此的身體和心靈，一張紙算什麼。我不需要結婚。我也不希望艾倫跟他的家人疏遠。畢竟，他幫父親工作，如果我們結婚的話，他威脅要炒他魷魚或脫離父子關係。

**作者**：艾倫怎麼反應？。

**凱琳**：他說：「那就把我炒了吧。」他曾經跟他父親說，寧可為了我放棄一切。他父親這才發現艾倫有多愛我。內心深處他不希望艾倫離開這個家，或者離開這家公司。他是從一無所有爬到這步田地，這一切都是為了艾倫跟他弟弟，為了他的孩子。

**作者**：妳什麼時候決定改信猶太教的？

**凱琳**：他父親過世後。一開始我沒這打算，因為我覺得彎彆扭的，好像我要接受審判似的。我很擔心這麼做會讓我覺得，自己不屬於那個圈子。我剛從比利時來美國，一句英文都不會講的時候，就有彎深刻的感覺。我不想再那樣了，於是我暫時擱下這件事。

**作者**：妳認為那會是結不成婚的理由嗎？

**凱琳**：就算我選擇不改信猶太教，我還是會希望我的孩子做猶太人，這是為了艾倫跟他父親；再怎麼說，艾倫欠他父親太多。我喜歡眞正的艾倫。現在我是艾倫的一部分；經過這些年，我們已經是一體，我改信猶太教是為了他的孩子，我們的孩子。

**作者**：妳母親怎麼說？

**凱琳**：我母親說她很以我為榮。

**作者**：跨文化戀情的成功祕訣是什麼？

**凱琳**：在我看來，成功的祕訣就是接受彼此的差異——無論這些差異是什麼——而且絕不批評。人必須自我訓練。除非知道那是妳要的，否則不要整個陷進去。克制一下感情。舉例來說，妳必須拜訪他的家人，確保儘管有歧異存在，妳還是可以忍受。唯有妳自己才知道能不能應付得來。我認爲，妳不應該公然對伴侶的家人表示厭惡。大家往往以爲只跟對方在一起，卻沒想到其實還有家人牽涉其中，而最不該犯的錯就是說些負面的話，這麼做只會讓伴侶左右爲難。舉個例子，如果我這樣跟艾倫談他父親：「這是不對的，他用他受歧視的方式來歧視我。」這只會把事情愈弄愈糟。我從不希望艾倫恨他父親，別拿這種事來凌虐他，因爲到頭來全都會報到妳自己身上。

**作者**：有其他建議嗎？

**凱琳**：每天都要讓妳男人感覺像個英雄。

**作者**：妳對女性主義有何看法？

**凱琳**：我們終究是不同的。男人跟女人是不同的，而且立足點不平等。但是，誰說平等就是好的？他怎麼可能跟我平等？我會生孩子，我認爲愛、生孩子、作母親是美好的事，我也引以爲傲。總有一天我會當媽媽，而且是個猶太媽媽！

凱琳的故事，讓各種形態的婚姻受益良多。無論妳的信仰、種族或文化背景爲何，妳將必須處理家人的問題，有時並不容易。前面提到，永遠記住自己的態度；妳不必放棄信仰，只要記得還有其他人牽涉其中。

## 現在妳有了這些資訊，如何用在自己身上？

根據以上這些專家的經驗，跨文化聯姻的三個文杜爲：接受、寬容和妥協；就和任何一段感情關係一樣。跨文化的感情關係和任何一段感情關係沒什麼不同，唯獨需要更多努力。問妳自己：我是否準備好做些吃力的事？我的伴侶準備好了嗎？

如果妳想要「照自己的方式來」，那妳最好重新考慮，是否眞的要進入一段需要付出的程度超過妳意願的感情。如果當妳遇到某人時，妳希望改變妳無法接受的部分，並且花費無數時間和精力，試圖把他變成另一個人；或者如果妳沒準備好面對這些困難議題，這些都表示還沒做好跨文化婚禮的準備，不然就是還沒打算對隨後而來的事，做出長期承諾。

別以爲家人、文化或信仰的敏感議題會隨著時間漸漸淡化。與其把它們掃到地毯下，倒不如對所有箭在弦上的議題先來個大掃除，再接下戒指。

我們贊同妥協，但不贊同拖延。把潛在問題搬上檯面並早點著手解決是個好習慣，對一段感情的許多方面都有好處。所以，無論妳是希臘、義大利、亞美尼亞、波蘭或者印度婚禮的女主角，請做些妥協，就能順利搞定終身大事。

# 11 那些成功搞定終身大事的女人

一段成功的感情就是能分享彼此的目標。男人必須認真看待妳的夢想，妳也得認真看待他的夢想。

這年頭，成功搞定終身大事的女人，可能跟妳想像中不太一樣。她不見得是只關心婚姻和家庭的小女人，而是聰明、性感、成功的女性主義者，知道自己要什麼、如何得到。她把同樣的超高標準，用在自己的專業和私領域，而且不要心機。她想要她追求的平衡且最終如願以償，而且她不會**爲結婚而結婚**。她可能是妳，或快要是妳了。

那麼，這些女人是誰，我們能從她們身上學到什麼？我們訪談了不同領域的女性，請她們分享有助搞定終身大事的想法。

## 心理醫師的建議

「審慎評估妳自己。」

心理健康顧問派翠西亞・史戴格曼畢業於哥倫比亞大學，在全世界最知名的婚姻和家庭治療機構「阿克曼家庭學會」擔任研究生。近三十歲時，派翠西亞在「史丹利・柯普蘭測試準備中心」做研究時認識丈夫丹尼。目前，派翠西亞負責爲伴侶和家庭提供專業諮商。

**作者**：妳是那種下決心把自己嫁掉的女人嗎？

**派翠西亞**：嗯，如果這麼說的意思是，我想要一段長久、圓滿的關係。比伴侶關係要多一點。

**作者**：所以，在求愛過程中，妳如何自處？或者簡單來說，心理醫師如何處理私人感情？

**派翠西亞**：首先，我在交往過程中自我評估：我是誰？什麼是重要的？我最在意什麼？我想要一個親切、體貼、聰明、溫暖的人，而且有正確的價值觀。還有，他必須有理想抱負。再來，我當然不會漏掉性感、浪漫、用心和誠實！

**作者**：妳不覺得條件多了點？

**派翠西亞**：不會啊，才不多呢，而且這些條件會隨時間改變。

**作者**：妳在找理想對象時，抱著什麼樣的交往哲學？

**派翠西亞**：儘可能了解對方。還有，要讓自己開心。

**作者**：妳跟丹尼是一見鍾情嗎？

**派翠西亞**：在我這方面來說，不是。

**作者**：他呢？

**派翠西亞**：嗯。

**作者**：你們交往多久後，妳才發現想嫁給他？

**派翠西亞**：三個月。我看到他跟我家人的互動情形，我欣賞他的個性和優點。

**作者**：所以，從專業和個人的角度來說，有哪些指導原則要提供給在這階段的女性？

**派翠西亞**：我覺得，很多女性都不了解自己，或不清楚什麼對自己才是重要的。我常看到她們一頭栽進池子裡，卻沒有先看看裡頭有沒有水。在妳試圖搞定終身大事前，先評估妳是誰、妳未來的伴侶是誰。當妳對自己有了清晰的概念，就尋找某個與妳互補的人。多向妳的交往對象問問題，只是別在第一次約會問。比如說：「告訴我三件你對自己最滿意，和三件你希望自己改變的事。」從小事往往就可以看到大問題。

另外，要把眼睛放亮點。如果家人對妳很重要，就看看他怎麼跟妳家人相處。如果環保對妳很重要，看看他如何對待地球。不要忽略那些困擾妳的事。別顧左右而言他。一有問題就要面對。

**作者**：身爲心理醫師，妳認爲一段成功的感情關係具備哪些元素？

**派翠西亞**：有個同行被我視爲英雄——約翰・賈德曼（John Gottman），他是少數幾位研究過「締結良緣的要素」的心理學家。他的結論是，美滿姻緣的關鍵之一，就是伴侶雙方要有能力解決問題。

**作者**：意思是？

**派翠西亞**：衝突在所難免。如何解決衝突，一起度過難關，決定了你們的姻緣有多美滿。我從病患身上看到這一點。

**作者**：對那些想搞定終身大事，卻不得要領的女性來說，妳有哪些忠告？

**派翠西亞**：要很清楚妳的結婚動機。首先我想問的是：「妳爲什麼想結婚？妳有哪些期待和幻想？」如果妳了解哪些因素從中作梗，例如他說：「我不敢結婚，是因爲親密感的問題。」，那麼一旦你們結了婚，親密感的問題就會消失，或者他還是那麼遙遠？這些都是有意義的。

**作者**：顯然妳治療過許多男女在感情上的疑難雜症。姻緣美滿與不美滿的病患，有哪些差異呢？

**派翠西亞**：不美滿的案例，只是試圖塡補類似孤單的空白，或者（他們之所以結婚）是因爲他們覺得該結了。相較之下，擁有美滿姻緣的人很了解自己，他們對對方也看得**非常**、**非常清楚**。

**作者**：謝謝妳，派翠西亞醫師！

我們希望妳帶走的

認識妳自己。心理醫師派翠西亞對自我相當有概念，而且信心滿滿，因而很清楚自己希望終身伴侶具備哪些條件。妳不僅想了解妳的伴侶，而且能公正客觀地看待他；而爲了做到這點，妳必須了解自己。記住，妳不光是爲結婚而結婚，而是爲了一輩子的牽繫。唯有了解自己，才知道他是不是那位眞命天子。

## 做超女！

「婚姻是和對方成爲伙伴，但妳最好把婚姻看成事業。」

梅莉莎・阿柯契拉・瑪契托是《紐約客》（*New Yorker*）的首席漫畫家，也是圖文書《她》（*She*）的作者。梅莉莎以別具風格的方式描繪女性，也描繪出都會女性的煩惱。她辦過個展，由香奈兒（Chanel）和Ferragamo贊助。梅莉莎和知名的佛羅倫斯籍餐飲大亨馬歇多（Silvano Marchetto）交往多年後，最近終於結婚了！

**作者**：讀完本書，妳有什麼想法？

**梅莉莎**：我覺得這本書眞是棒呆了。不光是因爲你們是我最好的朋友，加上我替這本書的英文版畫插畫，而是因爲（過去二十年來），你們一直是我的感情軍師。

**作者**：那麼梅莉莎，妳對於跟紐約一流餐飲大亨步入禮堂，又是怎麼看呢？

**梅莉莎**：基本上，這就像是烹飪。這書是很棒的食譜，但妳需要眞愛來製作結婚蛋糕。

**作者**：眞是過獎了。

**梅莉莎**：確實如此。你們的忠告對女性很有用，因爲女性理解男性的方式，跟男性理解男性的方式很不一樣。

**作者**：所以，妳又是施了什麼魔法，才贏得紐約最搶手的單身漢？

**梅莉莎**：我只是個平凡的人，不像其他女生那樣，極力討好條件好的人選。

**作者**：意思是說，妳沒有在第一次約會後就放棄嘗試。

**梅莉莎**：我認識他二十年了。我們的友誼是從那家餐館開始。我也有自己的生活，還有我自己的生涯。我並不期待他「解救」我。

**作者**：妳跟義大利的淵源，和這段感情有任何關係嗎？

**梅莉莎**：嗯，我們確實有很多共通點，這是好事。

**作者**：馬歇多比妳年長，又有個二十幾歲的女兒。

**梅莉莎**：那一點都不成問題。我不會用年齡評斷一個人，我只看個性。再說，他女兒是個很好的女孩，我們處得很好。我一直想要個女兒，但又不想懷胎九月。

**作者**：所以，梅莉莎，我們給的建議（書裡寫得那些），眞的對妳有幫助囉？

**梅莉莎**：嗯，而且對所有女性都有幫助。

**作者**：哦？說來聽聽。

**梅莉莎**：樂意之至。我接收到的其中一項訊息是，婚姻是和某人成爲伙伴，但妳最好把它視爲一項事業，或是賴以維生的工作。經營事業的時間表，相當於經營感情的時間表，舉例來說，如果男友需要什麼東西，當時、當場就做，就不會失去最重要的「客戶」。許多女人事業一把罩，但是感情生活卻弄得一團糟。她們太專注在事業的成功，忘了經營家庭。畢竟，這年頭跟女人說她是好太太，在某些圈子反而是種貶抑。我相信，擁有成功的婚姻也是成功的一部分。

**作者**：還有什麼要對女孩們說的？

**梅莉莎**：男人不是傻子，他們很容易看穿妳是不是動了手腳。如果妳是眞心誠意的，就不必投資那麼多錢做整型。

**作者**：妳按照本書中的哪些建言，幫妳敲定了終身大事？

**梅莉莎**：雪赫拉莎德因子。我一直有些事想說，但從不說出口。

**作者**：你們二位如何解決衝突？

**梅莉莎**：我們會談開來。幽默感或者大笑，永遠是解決衝突的最佳方式。

**作者**：最喜歡本書哪個篇章呢？

**梅莉莎**：「虛張聲勢的藝術」。

**作者**：爲什麼？

**梅莉莎**：因爲這個技巧讓女人站在一個有力的立場處理事情。這個概念讓我想到，我在拿到戒指前，究竟付出了多少。理解自己的價値是很重要的。

**作者**：還有哪些最後的想法？

**梅莉莎**：不要不顧一切地付出，連尊嚴也付掉了。

我們希望妳帶走的

梅莉莎早就說過，她生在一個衝突的時代；那一代的母親往往爲了女兒放棄事業，女兒長大後卻把事業視爲第一優先。但是，許多像梅莉莎那樣事業有成的女性，也想要達成平衡人生的另一項要素。梅莉莎指出，對感情和工作要付出同等努力，這論點我們很欣賞，而這來自一位成功搞定終身大事的人，讓它更具說服力；尤其因爲我們是再怎麼同意也不爲過。別把自己視爲理所當然（還有，也別把妳男人視爲理所當然）。

## 幸福美滿的結局

「一段成功的感情，就是能分享彼此的目標。」

愛卓安娜・崔吉雅妮撰寫《大石溝》時，並不知道這本書會觸動美國人民的心。後來，那本小說以及後來的幾本，包括《璐西亞，璐西亞》和《大時代的女王》，都曾登上《紐約時報》暢銷排行榜。愛卓安娜以幽默感、愛家、熱情的本性和美味的義大利千層麵聞名。她究竟是天生好命，還是自己寫自己的快樂結局？讓我們來看看。

**作者**：妳當初是怎麼搞定終身大事的？

**愛卓安娜**：我們是一九八八年在理海大學（Lehigh University）相識，但是兩年後才在一起。提姆是我的獨幕劇〈眞色〉的技術指導。他說，有一天我穿著牛仔褲跟一件緊身T恤走進劇院時，他愛上了我。以上是給姊妹們的一項暗示：我當時穿的是牛仔褲，不是Manolo Blahniks的名牌鞋。提姆說，男人「被套上」的時候自己知道，雖然他可能不願意馬上承認。我其實是在第一次約會時，就把終身大事搞定了。基於各種理由，提姆對於和我交往一直態度曖昧，所以等到他回過神來，我叫他當時、當場就要做出承諾。他當然照做，但之後輪到我逃避。四年後，我終於醒悟過來。我們結婚已經八年，幸福美滿。

**作者**：妳對男女交往的哲學是？

**愛卓安娜**：我對自己充滿質疑。我常想：「我是怎麼了？爲什麼不能讓這場派對順利開始？」我過去想、現在也想，以前我在工作上太好強，反而沒時間跟男人交往。當然，過去我愛上過幾個同志——很多藝術家都有這種性向。

**作者**：妳認爲，男人身上最重要的特質是什麼？

**愛卓安娜**：我注重個性。正派、格局要大。我找到了。

**作者**：在妳看來，一段圓滿的感情有哪些面相？

**愛卓安娜**：一段成功的感情就是能分享彼此的目標。男人必須認眞看待妳的夢想，妳也得認眞看待他的夢想。家必須是個家，充滿愛、美食和舒適。妳的丈夫應該等不及回家跟妳在一起。而妳也應該這樣對他。

**作者**：身爲成功的作家，會爲搞定終身大事帶來任何挑戰嗎？

**愛卓安娜**：我很幸運耶，並沒有。我的成功只是讓我們的生活好上加好。我們夫妻相敬如賓。我知道人在發揮生產力和創造力時最快樂，所以我們在工作領域上，給予彼此很多支持。

**作者**：妳對於那些想搞定終身大事但卻不得要領的女生，有哪些忠告？

**愛卓安娜**：女人自己頭腦要很清楚，才能吸引到她要的；無論是在工作上，或者在心靈深處都是如此。妳應該對妳交往的那位誠實。告訴他妳的感受。提姆大學畢業後到加州看我，當時我正在爲電視影集〈不同的世界〉寫稿。當他下飛機時，我問他此行的目的。我告訴他，我不反對當普通朋友。那話是鬼扯，但我說服自己相信普通朋友就夠了。不過，那段對話總算有點建設性。在妳把感受告訴對方後，聽聽他說什麼，而且要相信他。如果他不想結婚而妳卻想，離開吧。跟著直覺走，利用妳的強項。結婚只是一種生活方式，不見得適合每個人。但是如果妳想要，就應該有辦法擁有。所以，要堅持妳的立場。

**作者**：從妳的觀點，能提供哪些指導原則給女性朋友？

**愛卓安娜**：做自己。為自己過個有趣、迷人的人生，其他事物自然水到渠成。

我們希望妳帶走的

由於愛卓安娜是那種一開始就知道自己要什麼的女生，所以我們相信搞定終身大事對她來說會比較容易；因為她很了解自己，而這正是我們喜歡她的地方。此外，把話說清楚、把意圖講明白（在對的時機），對搞定終身大事並擁有一段穩固的關係來說，是非常重要的。愛卓安娜創造一個溫暖舒適的家，對許多男人來說是很大的吸引力。

## 高齡九十六，還像一尾活龍

「如果老公求歡，千萬別推說肚子痛或頭痛。」

雪莉・崔佛斯這個人有太多可以說的。九十六歲的她，擁有活躍的舞台生涯（最近在邁阿密的楓丹白露演出〈哈囉，桃莉！〉）和一位全職男友。換了任何別人，誰沒有一肚子的話要說？雪莉什麼都做過。十五歲在選美賽得獎、在「齊格菲爾德・富麗秀」（Ziegfeld Follies）擔任舞孃，二十出頭就嫁人。有四個小孩，八個孫兒女，和八個曾孫兒女。一九五五年，雪莉贏得「魅力阿嬤」比賽，爲她的事業開啓第二春，自此光鮮重返舞台。我們認爲她可以告訴我們，二〇年代的人是怎麼搞定終身大事的。

**作者**：當初妳是怎麼成爲「齊氏」女孩的？

**雪莉**：我十五歲的時候，從布魯克林的學校逃學，參加了班森赫斯特小姐選美大賽，得到「最佳人緣獎」，之後被發掘，幫齊格菲爾德、舒伯特兄弟（the Shuberts）等人工作。

**作者**：妳父母知道嗎？

**雪莉**：他們嚇得要命。我母親說：「不如殺了我吧。」那年頭，公開演出歌舞劇是見不得人的事，尤其是我這種不錯的猶太女孩！

**作者**：妳是怎麼認識妳先生的？

**雪莉**：他是觀眾。

**作者**：是專門跑到後台的追星族嗎？

**雪莉**：才不咧！當時他在唸牙醫。他年紀比我大，而且很有成就！

**作者**：所以你們就這樣訂了終身囉？

**雪莉**：並沒有。我很愛他，可是他父母不希望他娶我。我是歌舞劇女伶，而他可是要當牙醫的。

**作者**：那妳又是怎麼讓他娶妳的？

**雪莉**：當時我到處巡迴演出，他寫信給我。最後我告訴他，「爾文，你打算聽父母的話過一輩子，還是怎樣？」我從不認爲他會娶我！兩年後，我擺明了說。我說：「你不覺得時間到了嗎？」但是在那年頭，沒有戒指是不算訂婚的。再說他也沒錢，於是我就要求母親給我一只戒指，因爲她有很多珠寶。我問爾文接不接受，他說他接受。那是兩克拉的鑽戒，很棒的。

**作者**：所以，妳母親也參與囉？

**雪莉**：當然。她還辦了訂婚派對，我們把日子訂在一月。

**作者**：妳就是那時候結婚的？

**雪莉**：才不咧。我又不是傻子。他父母逼他跟我分手，我不希望他縮手，於是我緊張起來，要求他跟我碰面。除了我媽外，沒別人知道。我們在一九二九年的六月結婚，隔年舉行宗教儀式，結果他父母竟毫不知情！蠻好笑的。等到我們眞正在一月舉行盛大婚禮時，當時是一九三〇年，正值經濟大蕭條，我父母破產了。

爾文支付一切費用，包括婚禮、新家、家具，甚至出錢讓我父母搬家，他眞是個正派的人。

**作者**：你們結婚後，跟他父母的關係怎樣？

**雪莉**：彬彬有禮。我是個好女孩，但我知道他們不希望他娶我，這讓我有點難過。這困擾著我，但他們卻從來不知道。我從來不提。

**作者**：爲什麼不提？

**雪莉**：提有什麼用？講自己公婆的壞話有什麼好處？

**作者**：妳對於婚姻中的性生活，抱持什麼態度？

**雪莉**：我母親說：「雪莉啊，千萬別說不。如果你老公求歡，千萬別推說肚子痛或頭痛。」

**作者**：妳同意母親的忠告嗎？

**雪莉**：嗯，那當然。我認爲很多男人偷腥的原因，就是因爲老婆不肯。我有很多朋友生過孩子後告訴我：「我要打烊了。」她們指的是各方面！她們都是很好的女孩子，都嫁給醫生，結果眞的都打烊了。

**作者**：那是妳婚姻幸福的祕訣嗎？

**雪莉**：一方面是因爲我把他弄得服服貼貼。我爲他做一切。當我告訴你，我們的婚姻幸福美滿，我是說眞的。我們在一起非常、非常幸福。五十七年耶！而我不是老了才這麼說。我是眞的愛他。我們從來不跟對方大小聲。呃，我們在一九三〇年確實吵過一次架，但是他告訴我：「雪莉，妳以後絕不能再那樣跟我說話，我也一樣。我們一定要相互尊重。」於是我們就這麼辦。

**作者**：雪莉，妳認爲婚姻幸福的第一要素是什麼？

**雪莉**：同理心。妳付出多少，就獲得多少。

**作者**：現在講點勁爆的。談談妳的現任男友。

**雪莉**：班九十二歲，我那個當醫生的孫子幫他治療攝護腺，他說：「你一定要跟我阿嬤認識一下。你不會後悔的。」

**作者**：那麼，妳在九十四歲的時候，還跑去相親？

**雪莉**：那當然，有何不可？當時他好興奮，竟然把鑰匙忘在車子裡。

**作者**：妳精力旺盛嗎？

**雪莉**：如果你們要說的是性，就挑明了講吧。

**作者**：妳的性生活頻繁嗎？

**雪莉**：你們一定不信，但是我說眞的，他讓我非常興奮。他比我年輕，是個很熱情的男人。

**作者**：妳想再婚嗎？

**雪莉**：才怪！我喜歡獨立。我們有性生活，但他不在我家過夜。別的女人會想結婚，想緊抓著男人不放，跟他們一起過日子。我才不會。我不會跟他住，也不會放棄朋友。

**作者**：男友對妳好嗎？

**雪莉**：「好」實在不足以形容。看看他買給我的珠寶。倒不是我自己沒有，我老公買給我的珠寶是無價的。我們還一起搭郵輪旅行。

**作者**：雪莉，妳是個不折不扣的齊格菲爾德女孩，從頭到腳。

**雪莉**：說對了，帥哥！

## 我們希望妳帶走的

雪莉是不受年齡限制的好例子。她美麗如昔，不僅因爲她的外表，也因爲她一直保持正面態度。她是這麼說的：「無論我到哪裡，大家都不相信我已經九十六歲了，他們以爲我六、七十而已。我想那是因爲我是個很正向的人，我一直是傻人有傻福。我不去找問題，問題也不會來找我。我從不抱怨。」雪莉的婚姻，得益於她的識大體和聰慧，加上堅決和樂觀。公婆不會全心接納她，她卻從不口出惡言，證明她的思想和行爲始終保持正向。此外，我們當然欣賞她對性的態度。儘管我們並不認爲性生活不美滿絕對會造成婚姻破裂，因爲那是「雞生蛋、蛋生雞」的問題。但我們不禁納悶，雪莉對於性的正確心態，是否正是讓婚姻持續五十幾年的原因！

## 美國夢

「我認爲，懷抱遠大夢想並緊抓不放，才是眞正重要的。」

菲莉絲．喬治不但領導風氣之先，也是美國人民的偶像。這位知名的美國小姐，也是第一位女性體育主播。如今五十六歲的她，和一九七一年戴上后冠時一樣美麗。她的人生就像一部羅曼史小說，最初嫁給知名製片人羅伯．伊文斯（Robert Evans）（代表作包括《愛的故事》（*Love Story*）、《教父》（*The Godfather*）），之後嫁給前州長約翰．布朗二世（John Y. Brown Jr.）。菲莉絲經營的護膚產品，叫做「菲莉絲．喬治美顏」，她也是勵志書《永不說不》的作者。目前菲莉絲是兩個孩子的單親媽媽，定居紐約。菲莉絲讓我們一窺公眾人物的私生活；雖然她目前單身，但是你我能夠從兩次搞定終身大事的她身上，學到許多東西。

**作者**：妳結過兩次婚，是嗎？

**菲莉絲**：是的。我的第一段婚姻，是嫁給好萊塢製片人羅伯・伊文斯。當時我二十七歲。我能說什麼呢，我們的婚姻只維持了五分鐘。

**作者**：五分鐘？

**菲莉絲**：我和認眞交往五年的男友分手後才嫁給他，只撐了八個月。我和羅伯的婚姻讓我認清我眞正想要，以及我不想要的。羅伯不要孩子、南方大宅院、禮拜天上教堂，也不要純白柵欄之類的東西，而我呢，則是不希望生活過得那麼緊張兮兮。

**作者**：而妳在婚前不知道這些？

**菲莉絲**：我知道個什麼？就算我是美國小姐，也不過是從德州小鎭來的鄉巴佬。他把我帶進一種我從不知道的生活。他是徹頭徹尾的紳士，品味無懈可擊，啊，還有那棟房子！比佛利山莊最稱頭的那間房子……

**作者**：而妳沒拿到房子？

**菲莉絲**：這是重點。那是他的房子，永遠不會是我的，甚至不會是「我們的」房子。

**作者**：所以，你們就一拍兩散了？

**菲莉絲**：對，這是段錯誤的婚姻。

**作者**：後悔嗎？

**菲莉絲**：不。我見識到好萊塢最光鮮的一面；那是幻想、美夢，但不是我的夢想。

**作者**：第二任丈夫，約翰·布朗，是肯塔基州的前州長？

**菲莉絲**：嗯，但是我第一次見到他的時候，他並不是州長。我們結婚前，他是「肯德基」的創始人之一。

**作者**：那妳是怎麼跟約翰步入禮堂的？

**菲莉絲**：其實，我必須說，是他看上我的。事實上，在我短暫的第一次婚姻期間，他甚至在伊文斯那棟比佛利山莊的房子隔壁，買下了一間房子。其實我更早就認識約翰了，總之就是緣分成熟。他一直說：「好想把菲莉絲帶回肯塔基。」

**作者**：妳讓他如願囉？

**菲莉絲**：他把我帶到亞斯班！我們在亞斯班墜入愛河。

**作者**：妳是說，妳其實是跟他跑了？是這樣嗎？

**菲莉絲**：當時，約翰跟我認眞交往。的確，我冒了一點險，跟他一起走。有時妳需要這麼做，橫下心來往下跳，但我們是認眞的，加上時機點很剛好。老實說，那是我這輩子最美好的一段時光，我們彼此非常來電。當我們度完蜜月，去選州長的時候，他們都說那是「親親競選」，因爲我們沒辦法放開對方的手。

**作者**：所以，妳很相信來不來電這回事囉？

**菲莉絲**：來電加上妥協。一旦來電，妳知道那是妳想要的婚姻，每個人都得付出一點、接受一點。別破壞這個遊戲規則。

**作者**：好，有些讀者或許會說：「唉，我又不是前美國小姐。」妳對我們的讀者有何建議？

**菲莉絲**：首先，妳必須決定這是不是妳想要的婚姻。有來電嗎？你們來自相似或相異的背景，這些對你們的關係有何影響？你們的價値觀相似嗎？妳應該問，這段婚姻能不能長久，因爲婚姻是要天長地久的。如果妳試過卻無法繼續，就退出吧。我的朋友肯尼・羅傑斯有一首歌說：「知道何時該掌握，何時該放手。」當然妳必須知道自己跟什麼樣的人在一起。男人是不會改的，女人多半也是。

**作者**：那麼……美國小姐有沒有在第一次約會後就放棄呢？

**菲莉絲**：當然沒有！我在這方面相當老派。我當選美國小姐的時候，告訴你們，那時我還是處女。我對這種事嚇得要死。我仍然相信，女孩子應該和眞正心愛的人發生親密關係。我不在乎你們怎麼說，但我認爲感情是很難收的，無論當前的價値觀如何。我還要告訴你們，很少男人會喜歡歷經滄桑的女人，這是我當體育主播做訪談時聽到的。我總是跟我女兒說，妳應該等待，把自己留給白馬王子，這是每個母親對女兒的期望。

**作者**：妳認爲，女人應該怎麼做，來搞定自己的終身大事？

**菲莉絲**：一定要過好自己的生活。別放棄妳的主體性。學會獨處，懂得照顧自己。唯有能夠獨處，才能擁有一段好的感情。要有信心，但別在時機不對的時候談論終身大事，如果妳太固執或酷勁太強，他會落跑。放輕鬆點。

**作者**：還有哪些實戰祕訣？

**菲莉絲**：男人喜歡談自己。問他們很多問題，然後專心聽。一定不會錯。

**作者**：妳認爲，年齡是影響婚姻的因素嗎？

**菲莉絲**：當然不是！我認識好多二十幾歲的女孩，沒有跟任何人交往。我五十五歲了，由於過往的經驗，讓我感覺自己更年輕、更有信心。或許我曾把婚姻搞砸，但我總是能重新出發。我由衷認爲，很多事都是從正向態度開始；如果妳開開心心，周遭又是一群正向的人，就會使妳看起來年輕十歲，跟妳在一起會很開心。美麗由內而生，我知道聽起來蠻瘋狂的，但良好的衛生習慣很重要。我母親總是說：「心美人就美。」外表會凋零，但個性是一輩子。你猜誰是情投意合小姐？

**作者**：還有什麼南方人的秘訣？

**菲莉絲**：首先，我相信每個人都有特別之處。但我會說：「跟著妳的夢想走。」美國小姐的頭銜讓我進入上流社會，但即使我來自德州小鎮，我一直知道自己最終會在紐約之類的大城市落腳。很多美國小姐選擇待在家鄉，嫁給青梅竹馬，這當然不是什麼壞事，但我不一樣。我一直、一直有夢。我認爲，懷抱偉大的夢想並緊抓不放，就會把夢想化爲現實。但是一定要記住，女孩們，如果妳想搞定終身大事，別忘了擦上亮光唇膏。

我們希望妳帶走的

外在美對男人具有一定的吸引力，但並不是每個女人都具備菲莉絲那樣正向的觀點；我們敢說，那才是吸引男人的地方，而且使他們趨之若鶩。信心、自尊和好教養，對許多男人來說都是沒有時限的資產。菲莉絲的傳統觀念，對當今一些年輕女性來說也許顯得有點老派，但她的價值觀經得起時間考驗，她的邏輯對任何年輕女性都有幫助。我們從她的經驗中看到，女性愈了解自己以及自己想要什麼，就愈能擁有美好的姻緣。我們確實相信，菲莉絲對離開不好的緣分這樣的觀點，不但誠實也是符合現代潮流的。

## 妳一定要帶走的

貫穿以上這些訪談的主軸是，當女性對自己有清晰的概念，知道自己想要什麼，感情關係就會愈美滿。男人喜歡獨立、有自信、具同理心和正向能量的女性。引述一位我們所愛的女性的話：「如果妳想把自己嫁掉，先讓自己過得好。」

就算妳不是職業婦女，或者無意成爲職業婦女，當妳在談戀愛時，一定要保有自己的興趣、嗜好、一群好朋友，以及妳對自我的感知。妳會因此而更幸福。

在這些了不起的女士間，還有一個有趣的共通點，就是她們積極參與和另一半的關係。無論這些女性有多成功，她們都是「付出者」而非「收受者」。每個女人用自己的獨特方式在支持對方，那是搞定終身大事必要的部分。許多跟我們談過的單身女性，都覺得自己有權得到些什麼，這種想法實在不怎麼討人喜歡。不是每位成功女性都能順利把自己嫁掉，但我們認識許多把自己嫁掉的人，在她們最珍視的層面都是成功的。

# 12 訂婚守則

這是妳一直夢寐以求的時刻，對吧？唉，沒那麼簡單。終身大事從不是簡單的事。

恭喜妳，贏得閱讀本章的權利。希望妳的戒指，就像妳一直夢寐以求的那樣——如果本書發揮了作用，妳男人也會是妳夢寐以求。如果是這樣，妳可以對妳的成就感到驕傲。

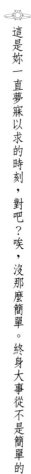

現在是慶祝的時候，並享受合法夫妻的新身份！不過，因爲我們在整個過程中始終對妳完全坦白，所以我們要告訴妳的是，現在不是過度自信的時候。儘管妳可能這麼想，但妳還不能高枕無憂。沒錯，妳可能拿到了黃金或鑽石打造的救生圈，但妳還沒有到達那「從此幸福美滿」的海岸。

先明白這一點，接著容我們提供幾句建言，這是來自多年當男儐相的經驗，更重要的是（對本章而言），我們參加過那些「宣告離婚的男性餐會」！我們聽過各種故事：那些多年來情投意合的愛侶，訂婚後卻勞燕分飛的故事。出了什麼問題？或許跟家庭干涉有關；這些因素在交往階段被隱忍壓抑有如香檳酒，訂婚後一拔開瓶塞，就

「砰」地爆開來。也有可能是嚴重恐懼一夫一妻的生活，逼得其中一方得喝下苦酒。我們彙整一連串可能發生的情節，希望避免到最後一分鐘才發生大爆炸。

## 訂婚男性心裡在想什麼

提出那個**大問題**後的幾個星期，妳男人是怎麼了？訂婚對男女產生不同作用，如果我告訴妳，雖然這對你們雙方都應該是美好的時刻，但其實對你們之中的一位來說要開心多了，至於另一位，則是困難的過渡期。很難想像妳男人比妳更開心嗎？這是有可能的。事實上，兩位作者之一就是這樣。讓我們帶妳們進入一個不久前才求婚的男人腦袋，就知道妳面對的會是怎樣的情形。

訂婚之前，有些男人會經過我們所謂的**訂婚煉獄**時期，在這段期間他會非常謹慎權衡自己的決定。他可能會出現反映壓力的信號，使他有某些情緒性的表現，也許甚至是冷淡疏遠或心不在焉。在這個情緒起伏的階段，他的腦袋有些相互衝突的聲音在喧鬧著，例如：

**聲音一**：「我要跟我夢寐以求的女孩共度餘生！」

**聲音二：「我這輩子只能跟我夢寐以求的女孩睡覺了！」**

決定求婚，對多數男人來說都是跨出一大步。他或許試著體會再也不跟別人約會的意義；基本上，就是再也無法享有單身漢那種獨立性（本書一開始提過，這樣的改變可以用女人生產來比喻，其中顯然是有壓力的）。但是，如果妳已經來到這個點上，表示妳已經順利遵循我們的建言，所以大可以確信自己能度過這段煉獄期。

當他通過這些門檻向妳求婚，而妳也接受了，接下來是我們所謂的**訂婚興奮期**。多數最後決定承諾的男人有種如釋重負的感覺，來自一種排山倒海而來的興奮感，現在妳或許會聽到他說：「哇！訂婚眞好，早知道就更早訂婚哩！」比較常聽到的是：「希望我們永遠訂在一起。」

很有可能的是，訂婚的決定會使朋友、同事和親戚用不一樣的眼光看他；因爲做出美好的決定、因爲「加入俱樂部」，而給予大量的讚美、吹捧。（畢竟，沒有一個已婚男性希望自己的朋友單身太久，以免危害他們的友誼。所以我們建議，爲了搞定終身大事，妳跟妳男人應該多和你們的已婚朋友來往。看吧，有用呢！）

突然間，別人看到他信心滿滿地彈著身上的吊褲帶（雖然他穿吊褲帶，妳還是重新考慮接受吧），心情輕鬆，洋溢著一種新的男人味，並像個網拍老手似的，讚美訂婚賀禮的價值。這種信心跟喜樂應該要持續到你們進入下個階段，也就是對具體的婚禮計畫做出承諾。

當然，或許他有完全不同的體驗。正當妳的腦袋浮現各種顏色的配置和瓷器樣式，他或許正在重新思考他的決定；並利用訂婚的這段時間，來省思你們倆的關係，畢竟現在是許下眞正的承諾。所以，妳必須展現妳從我們這裡學到，所有正向、有益的習慣，並改善那些有問題的習慣；理由就是，促使他確定心意。來看一對目前正經歷這階段的愛侶，看看他們是否安然度過難關。

## 哈洛德和珍妮佛

經過八年的愛情長跑，哈洛德和珍妮佛在男方兩位姊姊的反對下終於訂婚。兩位大姑認爲珍妮佛太頤指氣使，又很現實；珍妮佛則感覺自己從不曾被哈洛德的姊姊接納，所以經常背著她們，向哈洛德及友人發牢騷，並做出離間姊弟情感的評語。有一回哈洛德迸出「那個問題」，使珍妮佛信心大增。珍妮佛覺得她現在屬於「黃金級」，因爲她終於拿到家傳戒指，尤其經過近十年來「付出她的代價」。她新生的信心，加上受傷的感受，使她處處跟未來的大姑作對（不光是私下跟哈洛德大吐苦水），隨著婚禮的日子愈來愈靠近，珍妮佛愈想去惹那兩位大姑，而她的舉動也愈來愈不客氣。某次家庭聚會，幾杯黃湯下肚後，當其中一位姊姊反駁珍妮佛對哈洛德財務狀況的陳述後，珍妮佛大聲說：「也許他是妳弟弟，但他是我的未婚夫，所以這不甘妳的事。」

不久，在一次家庭聚會中，哈洛德的姊姊、母親和祖母連成一氣，保護「她們的哈洛德」免於被珍妮佛「帶壞」，她們針對珍妮佛火爆又拜物的個性所做的「意外」評價，令哈洛德啞口無言。當珍妮佛開始把私下的不合搬上檯面，哈洛德便看見他和家人的連結逐漸崩潰瓦解，於是他解除婚約，因為他覺得兩人訂婚後，珍妮佛就開始濫用自己的特權（而且辱罵他姊姊），這是他所不樂見的。跟珍妮佛「脆了以後，哈洛德跟姊姊的死黨訂了婚！

記得我們的朋友凱琳在訪談中說，妳男人是妳的，但他不完全屬於妳；哪怕他公開宣稱，對妳的愛永誌不渝。務必把這句話謹記在心。

## 可是，我這些奇怪的感覺，又是怎麼回事？

講完男人，那妳呢？這是妳一直夢寐以求的時刻，對吧？唉，沒那麼簡單。終身大事從不是簡單的事。雖然有些女性確實享受訂婚的過程，也樂在其中，但有些人卻幾乎承受不了過程中的壓力。舉凡不滿意訂婚的安排（克服它！），或者不邀請哪些人參加婚禮，每件事都可能引發爭議，對某些男人來說看似微不足道的小事，對女人卻成了大問題。

狠狠往男人背上一摑是沒有用的，因爲妳會有設定日期並處理計畫的壓力（沒錯，通常是女孩子負責計畫婚禮），或許有些親戚（妳或他的母親）對每件事都有意見，那些是她們過去N年來爲妳設想的。又或者，妳必須面對一群爲妳高興、但是爲她們自己難過的親朋好友。我們認識的一位朋友，竟然在親戚的訂婚派對上說：「今天是你們的大喜之日，卻是我的傷心日。」妳還肖想著炫耀呢！家庭或婚姻狀態的改變，有時會使單身的親朋好友評估起自己的處境。萬一發生這種反應，我們誠心建議妳試著把心眼放大，體諒她們的感受（另外，買這本書送給她們！）。畢竟，妳是最開心的人。

## 訂婚炸彈

即使在最理想的情況下，規畫訂婚派對或晚宴、會見親友、把兩家湊在一塊，也可能困難重重。妳會感覺自己身上綁了個**訂婚爆裂物**；從不吵架的愛侶，往往會為了雞毛蒜皮的事開始互不相讓，而這些事突然間變得好像無法克服似的。許多準新人開始觀察未來另一半處理（或不處理）壓力的方式；若是妳的未婚夫剛產生一股自尊和平靜感，甚至會把妳的壓力視為情緒不穩。即使妳從本書學會控制自己的態度，但是聽起來好像蜜月期才剛剛開始就沒戲唱了，不是嗎？

怎麼辦？這可能會是充滿壓力的時刻，尤其因為妳跟他大概都想在每個人面前好好表現一番。要知道，這雖然是妳的初體驗，但是在妳之前已經有許多過來人，所以事情是可以解決的。我們的忠告是：試著用幽默感來面對所有突然迸出來的壓力。何不安排一場晚餐約會，兩個人好好準備有史以來最糟的婚禮敬酒辭？重點是——放輕鬆。

在妳步入禮堂前，別害怕去面對真正棘手的事情。儘管訂婚確實讓人感到安慰，但妳還沒真正結婚，也令人鬆一大口氣。訂婚過程中，要解決的問題何其多；你們雙方都應該記住，有個緊急出口的存在。信不信由妳，在解決爭議點時，記住這個事實往往製造更好的環境，並減輕壓力。

所以，考量妳目前的心境，讓我們來看看最大的潛在地雷，以及如何解除。

## 親家路窄

（在我們的幫助下）妳已經體認到，妳不光是嫁給未婚夫，很多情況下，妳其實是嫁到他們一家。我們在跨文化那一章，談到家庭相關議題的不同面相。但既然妳已經正式訂婚，家人的介入會造成更大影響，因爲結婚已經箭在弦上。

重申一次，妳的忠誠和未婚夫的忠誠，是針對彼此的。這對任何一段健康的關係來說，都毫無商量的餘地。不幸的是，當未來大姑、小姑拒絕參加妳的婚禮派對，或是當未來婆婆意見太多，或者未來公公硬要妳在感恩節晚餐坐在他的大腿上，妳和未婚夫對彼此的忠誠並不能解決這些問題。因此，在妳企圖解決任何問題前，一定要記住以下幾點：

＊妳的家人不見得比較好應付。

＊他們是他的家人，想趕也趕不走。

＊這種感覺有可能是互相的。

＊如果妳處理得當，他會更愛妳（整個過程中，都不要忘記這一點。這種想法拯

救過的例子，多過妳所能想像。）

即使是單純、可喜的事，例如決定瓷器的樣式，都可能上演一場大戲。在一切塵埃落定以前，所有相關人士都應該保持最佳風範。別以爲妳已經通過他家人的評估（寶貝，他們在妳的有生之年，不會停止替妳打分數！），耐著性子，並且抱著體諒的心。別把任何問題擺著不管。無論是他沒親自向妳父親請求把妳交給他，或者他母親想跟妳細說偉大的家族史（童年時代的紀念品、運動比賽的照片、食譜）；在妳步上紅毯前，先找時間解決這些事。我們總會發現，只要一談到家族，最單純的事就是最恰當的。把心放寬不盡然是容易的，但長時間下來會有收穫。前面討論到，用「服務客戶」的精神對待家族成員並無不可，尤其妳期盼能順利結婚、度蜜月。還有，別忘了保持微笑：妳才剛把夢寐以求的男人給套牢哩！

## 現金：婚禮等等花錢的麻煩事

誰拿到什麼、如何處理，也可能把一樁美好的姻緣搞砸。無論他在財力上是否遠不如妳，或者妳不如他，也無論他父親是否掌握金錢大權，而妳的家人則認爲談論金錢很庸俗，無論妳是否希望他家人跟妳父母分攤婚禮費用，而他父母卻是守舊的人，認爲女方父母應該負擔所有開銷；總而言之，有關錢的麻煩事可能會變成終身大事的大麻煩。

當你們在交往階段，妳分攤的費用可能在最低限度，而妳的行爲想必展現足夠的責任感，以致他放心地想跟妳走下去。如果妳是血拼女王，經濟上也負擔得起，或者妳的未婚夫也喜歡血拼而且不擔心，他對妳的消費習慣可能永遠都不會說第二句話。但是，如果妳的花費對他來說是個隱憂，而他也曾在訂婚前針對此事做過評論，就別以爲這個問題到了訂婚階段不會浮現。妳應該試著從未婚夫的角度思考，也要替你們的未來著想。

無論是規畫訂婚派對、婚禮，或者討論住的問題，「金錢」這隻怪獸總是會突然抬起它醜陋的腦袋。這些年來，隨著婚禮平均花費日漸升高，「夢幻」婚禮往往佔了不切實際的比重。妳或未婚夫對「完美的婚禮」太過執著，可能會導致負債累累、充滿壓力的蜜月，對婚姻來說絕不是好的開始。我們（以及訪談過的過來人）的建議是：訂出預算並嚴格遵守，同時別讓任何人使妳感到不舒服。

即使你們在交往時，在金錢用度方面配合得相當好，但在計畫這個大好日子的時候，金錢就成爲雙方家人也牽涉其中的問題。我們建議，你們兩人都該跟自己的父母面對這個問題。如果他需要向家人伸手，讓他這麼做，而且別說半句話。我們的邏輯是，妳跟他要等到說「我願意」才算一家人，而妳要求資助可能顯得不得體、要求過度（尤其對那些堅信夫妻應該靠自己努力白手起家的父母來說，更是如此）。如果某一方爲了設置「魚子醬吧台」而要求經費，會被視爲在金錢方面欠缺責任感。

不管他是事業成功，或者靠失業保險過活，也不管妳是不是個職場得意的執行長，或者打從……就沒工作過，只要你們對彼此保持適當尊重，不把金錢當作這段感情的重心，錢的問題通常都有辦法解決。當然，別迴避這個敏感主題，以及妳對錢可能有的極私密感受；換言之，你們必須保持暢通的溝通管道。最後一件事：如果妳或他負債，請設法在妳成爲合法妻子前解決，因爲一旦結了婚，負債有可能會失控，而當妳的信用永遠成爲你們兩人的一部分，可能會毀了彼此的債信評等。

## 我們希望妳帶走的

和未婚夫直接討論錢，即使這還沒變成大問題。首先妳可以說，那個話題讓人不舒服，但你們必須面對。告訴他，妳想在家人介入前，先試著設法解決，如果妳當下知道妳需要把父母帶進來，就擬訂一個進攻計畫（只有妳才了解妳家人）。最重要的是，保持冷靜、維持良好的溝通，並做出妥協。

## 婚前協議

恭喜——妳或妳的未婚夫很闊綽，而你們其中一人想要婚前協議。很顯然，妳已經透過交往的階段順利打完這場仗，但既然你們開始討論資產合併的問題，銀行帳戶的差異會變得更表面化。

婚前協議有各種形式，這方面有許多法律上的激辯，和一些對立的情緒性主張。我們無須探討婚前協議的對與錯。婚前協議成爲爭議點只有一種情況：當一方想要、而另一方不想要。

所以，假設未婚夫很有錢，想跟妳討論財務安排的問題，而妳卻不喜歡這種想法。畢竟，妳（跟其他不想簽婚前協議的人一樣）會說：「如果結婚是一輩子的事，又何必在有疑慮的情況下繼續走？」比較常聽到的是：「我覺得我還沒結婚，就已經在爲離婚談判了。」妳會想，不知道他願不願意在沒有那紙協議的情形下結婚，或者妳是否能說服自己在有婚前協議的情況下結婚。妳或許會納悶，到底他是不是眞的愛妳。

我們的建議是：如果有一方想簽婚前協議，請妳取得所有妳需要的諮商，協助妳處理這個議題。畢竟，如果雙方都不覺得婚前協議能讓彼此滿意，這些種子會和你們的關係如影隨形，而且會逐漸浮上檯面，甚至未來幾年都是如此。我們就看過這種事。妳愈快通過這個令人不快的過程，對你們、對婚姻生活就愈好。再說一次，處理這件事的準則就是確保雙方對定案的文件都滿意或放心；如果任一方有被輕視的感覺，你們的關係恐怕會有麻煩。現在處理，否則日後處理離婚協議的機率會更大。

當然，妳做什麼是妳的事。但是，妳怎麼做就是我們的事了。我們向妳再三強調的是，一定要保持尊嚴和節制。還記得我們說過，戒指是手段而非目的嗎？這個道理永遠適用，不是只有某些時候。此外，這個道理也適用於他跟妳的錢。所以，在談這件事的過程中要充分表達妳最關心在意的部分，鎖定事實，並保持理性。因爲你們顯然有意結爲連理，所以雙方都有誘因解決婚姻大事的這一小部分。別忘了，婚前協議的談判可能只有一小段時間，但是任何不好的感受卻會跟妳一輩子。記住三件事：(一)好的婚前協議能保護妳。(二)不好的婚前協議，可能會爲不良關係埋下種子。(三)在不當時機訂下的婚前協議，和不良的婚前協議一樣糟，所以一定要及早討論並定案。

我們認識好幾對訂有婚前協議的夫妻，他們很慶幸自己的做法，而婚前協議卻不影響彼此的感情；而我們知道的其他幾對夫妻，希望當初能改變處理方式。兩位作者認爲，在涉及眞正的財產議題或孩子的時候，婚前協議確有其必要性。以下的例子，是一對不了解我們所說的婚前協議三重點的夫妻。

## 布蘭恩和湯瑪斯

布蘭恩和湯瑪斯最近經歷一場痛苦的離婚。布蘭恩來自美國西岸，是個時髦優雅的褐髮美女，她那出問題的婚姻，可以追溯到單方的婚前協議，以及丈夫在情感和金錢上的吝嗇。布蘭恩二十好幾的時候認識湯瑪斯，交往一年後兩人訂婚。她的家人打算辦場盛大婚禮，然而婚禮前一天，湯瑪斯把片面的婚前協議扔在她面前，使得這場婚禮陷入危機。布蘭恩跟家人震驚又難過。雖然湯瑪斯的前一次婚姻以離婚收場，因此他的緊張或許不無道理，但那突如其來的最後通牒，卻爲迫在眉睫的婚禮蒙上陰影。

討論愈來愈激動，雙方你來我往、互不相讓，於是布蘭恩取消婚禮，退回所有禮品。幾個月後，湯瑪斯再度展開追求、打動芳心。布蘭恩不顧父母的異議，同意了湯瑪斯的求婚，因爲她深愛湯瑪斯，認定他是個理想對象，想與他共度餘生。

婚後十年，生了兩個孩子，湯瑪斯卻在結婚紀念日上告知布蘭恩想離婚，並試圖以苛刻的離婚協議打發她，將她和孩子趕到一間公寓。年歲和智慧都有長進的布蘭恩承認，直到那一天以前，「把自己嫁掉」一直是她的重要目標。雖然他們兩人（和兩個孩子）確實有過美好的時光，但她發現自己早該把眼睛放亮，認清現在看到的事實，那就是：湯瑪斯是絕不會改的。

## 我們希望妳帶走的

儘管布蘭恩和湯瑪斯屬於比較極端的案例，但是湯瑪斯及其家人對取得婚前協議的處理方式，恰恰證明他的整體心態（其中也許包括他對這樁婚姻的感受）。布蘭恩因爲愛或因爲想把自己嫁掉，因而忽略對方的負面行爲，導致過往的判斷失誤。如果湯瑪斯眞心愛她，就會願意想個兩全其美的方法。看清楚眼前發生的事，並且對自己誠實。不要對負面行爲眼不見爲淨，因爲到頭來會落得狼狽離婚的下場。

雖然我們一直試著建議妳有關訂婚的守則，但我們也不願在妳興沖沖的時候，當頭潑一盆冷水。記住，我們並沒有告訴妳一切都會很美好，而是試著讓妳認清處境並勇於面對，確保所有事情有更大機會往好的方向發展。

# 結語

就像所有頂尖運動員或企業界人士，有時候妳需要教練帶妳回歸正軌，朝目標前進。我們希望在妳追求永恆的愛與承諾的過程中，會感覺到我們的建議是有幫助的，並以誠實的自我評量（加上幾個微笑）來思考。如果妳從本書把幾樣東西帶進妳的感情關係，我們希望那會是信心、正向態度、一點自制力、幽默感，以及追求刻骨銘心愛情的決心。

我們期望幫助女性在進入安全的婚姻碼頭前，通過足以淹沒美好姻緣的惡水。我們最想傳達的訊息是，男女關係最終一定要是健康、有意義且承諾不渝的關係，而不光是婚姻本身。別誤會我們的意思，雖然婚姻不過是對私人情感的公開認可，但它依舊是許多美好、重要事物的基石。

或許妳和妳的伴侶將面對一些特有的問題，是我們還未在這些篇幅中明確探討的。別擔心。使一段感情關係更有力並往前走的，往往不是解答本身，而是尋找解答所花的時間。讀完本書後，妳應該具備所需的技能，尋找想要的答案。

祝妳順利步上紅毯，也祝福妳往後的日子。勇敢的女人，會停下來問路。妳上路了。

# Glossary

**床上禮儀**（Bediquette）〔名詞〕：在妳男人家過夜時，合宜的行為準則。

**虛張聲勢**（Bluff）〔名詞〕：跟不願承諾的男友擺出分手姿態，但是萬一他回心轉意，大門永遠為他敞開。

**床笫糾紛**（Coitus Argumentus）〔名詞〕：性行為進行當中發生的爭吵，通常和某一方的期望或偏好有關。

**承諾無力症**（Commitia）〔名詞〕：一種拒絕立下誓言的症狀，導致男人無法做出承諾。

**剪斷釣餌**（Cutting Bait）〔動詞〕：向對方提出分手並永遠把門關上的舉動。

**交往轉折點**（D.I.P., Dating Inflection Point）〔名詞〕：當妳開始評估你們倆感情現況的那個時間點。

**訂婚興奮期**（Engagement Euphoria）〔名詞〕：男人在求婚後的心態，包括巨大的解放感，通常透過強烈的興奮展現。

**訂婚爆炸**（Engagement Explosives）〔名詞，複數〕：當妳終於訂婚，所有被壓抑的情感所出現的情緒爆發。

**訂婚煉獄**（Engagement Purgatory）〔名詞〕：男人在求婚前夕，針對自己的決定權衡輕重的過程。

**肥屁股症候群**（FASSS, Fat ASS Syndrome〕。女性認為（恕我們插一句，通常是錯的）她的屁股在她男人眼中太過肥大。

**色情關係**（Fellationship）〔名詞〕：建立在肉慾情色上的關係。

**黃金或鑽石打造的救生圈**（Gold and Diamond Life Preserver）〔名詞〕：訂婚戒指。

**層次**（Level）〔名詞〕：以情侶的相容性來說，妳的地位或等級。

**有計畫的男人**（Man with a Plan）〔名詞〕：準備好、願意、能夠且打算結婚的男人。

**行使婚姻策略**（Marriage Maneuver）〔動詞〕：伸出觸角，採取必要策略讓他求婚。

**婚姻策略**（Marriage Maneuvering）〔名詞〕：目的是判斷妳男人對「結婚」的立場。

**婚姻動能**（Marriage Momentum）〔名詞〕：當愛侶離結婚愈來愈近，而男朋友成了有計畫的男人時，一股逐漸升高的力量。

**結婚動力**（Marriage Motivator）〔名詞〕：為了產生結婚動能而按下的按鈕，促使他走向禮堂。

**單一的一夫多妻者**（Monopolygamist）〔名詞〕：經歷太多第一次約會的人。

**高攀**（Overdating）〔動詞〕：把眼光放得太高，而對方永遠不會給妳承諾。相關詞：**高攀者**（Overdater）〔名詞〕：高攀的人。

**見不得人好**（Playa Hata）〔名詞〕：在負面的事情上大做文章的人。複數形：Playa Hataz。相關詞：**見不得人好**（Playa hatin'）〔動詞〕。

**正面—負面—正面**（P.N.P., Positive-Negative-Positive）〔名詞〕：宣布壞消息的有效方法，亦即好消息—壞消息—好消息。

**多重的一夫一妻者**（Polymonogamist）〔名詞〕：有愛情長跑經驗的人。

**戒指上的寶石**（Rock on a Ring）〔名詞〕：訂婚戒指。

**雪赫拉莎德因子**（Scheherazade Factor）〔名詞〕：在關係的重要關口製造神祕，目標是讓妳的交往對象想要更多（詳第六章）。

**說法旋轉**（Speech Spin）〔名詞〕：回收或重新包裝妳呈現資訊的方式，以比較正向的角度，重新行銷妳的過去、現在和未來。

**做個不沾鍋**（Tefloning）〔動詞〕：在對話中，避免某個話題（通常是結婚）。

**最後通牒**（Ultimatum）〔名詞〕：女孩應該避免做的事，也就是迫使或威嚇男方求婚。

**低就**（Underdating）〔名詞〕：跟層次比妳低的人交往，亦即沒辦法挑戰妳的人。相關詞：**低就者**（Underdater）〔名詞〕低就的人。

**女性**（Womanity）〔名詞〕：人類的亞種，又名「女士」。

**碎碎唸症候群**（Yapper Syndrome）〔名詞〕：一種情結，女性將自己的生活攤在所有人面前，不留任何想像空間，與雪赫拉莎嘉德相反。同義詞：**碎碎唸炎**（Yapperitis）（碎碎唸的發炎症狀）

**國家圖書館出版品預行編目資料**

讓他把妳娶回家／Richard Kirshenbaum,Daniel Rosenberg著；陳正芬 譯．初版.－－臺北市：大塊文化，2007【民96】
面；　公分.－－(smile；79)
譯自 Closing the deal : two married guys take you from single miss to wedded bliss
ISBN 978-986-7059-93-2(平裝)
1. 擇偶 2. 約會

544.31　　　　96010436

10550　台北市南京東路四段25號11樓

| 廣　告　回　信 |
| --- |
| 台灣北區郵政管理局登記證 |
| 北台字第10227號 |

# 大塊文化出版股份有限公司　收

地址：□□□□□ ＿＿＿＿市／縣＿＿＿＿鄉／鎮／市／區

＿＿＿＿＿＿路／街＿＿段＿＿巷＿＿弄＿＿號＿＿樓

請沿虛線撕下後對折裝訂寄回，謝謝

大塊 LOCUS 文化

編號：SM079　書名：讓他把妳娶回家

## 大塊文化 LOCUS 讀者服務卡

謝謝您購買本書！

如果您願意收到大塊最新書訊及特惠電子報：

一 請直接上大塊網站 **locus**publishing.com 加入會員，免去郵寄的麻煩！

一 如果您不方便上網，請填寫下表，亦可不定期收到大塊書訊及特價優惠！
請郵寄或傳真 +886-2-2545-3927。

一 如果您已是大塊會員，除了變更會員資料外，即不需回函。

一 讀者服務專線：0800-322220；email: locus@locuspublishing.com

---

**姓名**：＿＿＿＿＿＿＿＿＿＿＿＿ **性別**：□男 □女

**出生日期**：＿＿＿年＿＿＿月＿＿＿日 **聯絡電話**：＿＿＿＿＿＿＿＿＿＿

**E-mail**：＿＿＿＿＿＿＿＿＿＿＿＿＿＿＿＿＿＿

**從何處得知本書**：1.□書店 2.□網路 3.□大塊電子報 4.□報紙 5.□雜誌
6.□電視 7.□他人推薦 8.□廣播 9.□其他

您對本書的評價：
(請填代號 1.非常滿意 2.滿意 3.普通 4.不滿意 5.非常不滿意)
書名＿＿＿ 內容＿＿＿ 封面設計＿＿＿ 版面編排＿＿＿ 紙張質感＿＿＿

**對我們的建議**：＿＿＿＿＿＿＿＿＿＿＿＿＿＿＿＿＿＿

LOCUS

LOCUS

LOCUS

LOCUS